Lernumgebungen

Ulrike Stadler-Altmann (Hrsg.)

Lernumgebungen

Erziehungswissenschaftliche
Perspektiven auf Schulgebäude
und Klassenzimmer

Verlag Barbara Budrich
Opladen • Berlin • Toronto 2016

Bibliografische Information der Deutschen Nationalbibliothek
Die Deutsche Nationalbibliothek verzeichnet diese Publikation in der Deutschen
Nationalbibliografie; detaillierte bibliografische Daten sind im Internet über
http://dnb.d-nb.de abrufbar.

Gedruckt auf säurefreiem und alterungsbeständigem Papier.

ISBN   978-3-8474-0709-6 (Paperback)
eISBN   978-3-8474-0858-1 (eBook)

Umschlaggestaltung: Bettina Lehfeldt, Kleinmachnow – www.lehfeldtgraphic.de
Typographisches Lektorat: Ulrike Weingärtner, Gründau
Druck: paper & tinta, Warschau
Printed in Europe

Inhalt

1 Lernumgebungen. Erziehungswissenschaftliche und architekturkritische Perspektiven auf Schulgebäude und Klassenzimmer

Ulrike Stadler-Altmann

Kurzfassung

In erfolgreichen, guten Schulen soll das Lehren und Lernen durch die gebaute Umgebung bestmöglich unterstützt werden, deshalb sollten aus Schul- und Klassenzimmern Lernumgebungen werden. Dafür müssen erziehungswissenschaftliche, architekturpsychologische und architektonische Ansprüche in Einklang gebracht werden. Wie diese Umgestaltung angeregt und gelingen kann, berichten die Autorinnen und Autoren in diesem Band. Dabei kommen Erziehungswissenschaftlerinnen und Erziehungwissenschaftler, Architektinnen und Architekten sowie Psychologinnen und Psychologen zu Wort, die in diesem Forschungsdiskurs – national und international – tätig sind.

Abstract

To support teaching and learning in successful, good schools, school buildings and classrooms have to become learning spaces. To meet this challenge, standards of education, architecture and psychology have to be taken in consideration. The authors of this volume take this challenge and provide some solutions. Educational researchers, architects and psychologists give their point of view.

1.1 Aktuelle Entwicklungen

Der Zusammenhang zwischen der gebauten Umgebung und dem Lehren und Lernen in Schulen ist durch empirische Studien, wie Kahlert, Nitsche und Zierer (2013) zeigen, sowohl im nationalen als auch im internationalen erziehungswissenschaftlichen Forschungskontext bisher kaum untersucht worden. Im deutschsprachigen erziehungswissenschaftlichen Diskurs liegen nur einzelne kleinere Untersuchungen vor (im Überblick Stadler-Altmann 2015).

Im internationalen erziehungswissenschaftlichen Diskurs dominiert die aus der Architekturpsychologie geprägte Perspektive (vgl. Sanoff 1999; Walden 2009), den Schul- und Klassenraum als zu gestaltende Lernressource zu betrachten. Auch hier finden sich nur wenige empirische Studien, die versuchen, das Lehren und Lernen in Abhängigkeit zu und von den räumlichen Gegebenheiten zu beschreiben. Eine Ausnahme stellt dabei die Untersuchung von Sandra Horne Martin (2000 & 2002) dar, die den Zusammenhang zwischen der Gestaltung des Klassenzimmers, den Aktivitäten der Lehrkraft und den pädagogischen Überzeugungen der Lehrkraft beschreibt. In ihren Ergebnissen wird deutlich, dass nicht allein die pädagogische Grundhaltung einer Lehrkraft ihren Unterricht beeinflusst, sondern die gebaute Umgebung und der Umgang der Lehrkraft mit diesen räumlichen Voraussetzungen entscheidenden Einfluss auf das professionelle Agieren einer Lehrkraft haben und Ausdruck der didaktischen Orientierung und der pädagogischen Überzeugungen einer Lehrkraft sein können. Es lassen sich also sehr wohl pädagogische Haltungen im Zusammenhang mit der Nutzung der Räumlichkeiten aufzeigen.

1.1.1 Schulgebäude und Klassenzimmer als Forschungsgegenstand

Die Bedeutung des Schulraums, des Schulgebäudes und des Klassenzimmers für die Gestaltung von Schule und Unterricht wird in der aktuellen erziehungswissenschaftlichen Debatte zunehmend beachtet, z. B. durch aktuelle Publikationen im Bereich der allgemeinen Pädagogik und der Schulpädagogik (vgl. Kahlert/Nitsche/Zierer 2013) sowie durch die Arbeitsgruppe „Raumwissenschaftliche Schul- und Bildungsforschung" an der Universität Duisburg-Essen, den dazugehörigen Veröffentlichungen (Böhme 2009) und dem in dieser Arbeitsgruppe angesiedelten DFG-Projekt „Schulische Standorte. Studie zum Schulraum im urbanen Wandel des Quartiers" (Böhme/Flasche 2015). Deutlich wird in dieser aktuellen Forschung, dass zum einen Anregungen aus der Architektur (z. B. Rittelmeyer 2010 & 2012; Montagsstiftung 2011), der Architekturpsychologie (z. B. Walden 2009) und der soziologisch und geographisch geprägten Quartierforschung (z. B. Schnur 2008) aufgegriffen werden und zum anderen der Schulraum aus einer eher phänomenologisch-anthropologischen Perspektive (z. B. Westphal/Jörissen 2013; Westphal 2007) diskutiert wird.

Wenige Arbeiten zum Schulraum liegen auch für Südtirol vor (z. B. Watschinger 2007; Weyland 2014). Diese beschäftigen sich entweder mit schulpolitischen Konzepten und Regelungen zum Schulbau oder mit der Perspektive der Architektur auf Schulgebäude und Klassenzimmer (vgl. Weyland/Attia 2015) und somit eher nicht mit erziehungswissenschaftlichen Fragestellungen.

Im internationalen Kontext wird die Forschung zu Schulgebäude und Klassenzimmer überwiegend von Architekten und Architekturpsychologen geprägt. In historischer Perspektive lassen sich hierbei unterschiedliche Phasen der Schul- und Klassenraumgestaltung definieren, die durch die jeweiligen gesellschaftlichen Strömungen geprägt sind: „An overview of three periods of educational architecture, the Colonial Period, the Industrial Revolution, and the Information Age, demonstrates how educational facilities have evolved over time in response to societal and political influences" (Tanner/Lackney 2006: 22). Die enge Verknüpfung zwischen den Ansprüchen der architektonischen Schulgestaltung und der gesellschaftlichen Entwicklung wird hier ebenso deutlich wie der Einfluss der pädagogischen Überzeugungen auf die Gestaltung der einzelnen Klassenzimmer. So setzen sich Schulreformen auch immer mit der Gestaltung der Schulgebäude und der gebauten Lernumgebung auseinander (z. B. auch in der Reformpädagogik). Davon beeinflusst wurden und werden die Prinzipien der Schulgestaltung, die von Planern und Lehrkräften als Voraussetzung für erfolgreiches Lehren und Lernen angesehen und laufend verfeinert werden: „Thirty-one design principles [...] for school facilities have been developed to aid school districts and their designers in creating facilities that enhance desired educational outcomes" (ebd.: 38). Dabei muss im Planungsprozess die Kooperation der unterschiedlichsten Akteure in Schule und Unterricht berücksichtigt werden, um Schulen und Klassenzimmer gemäß ihrer Nutzung planen, bauen oder renovieren zu können:

> „Planning may be defined as a course of action wherein a set of organzied activities permits decision makers to select choices from a set of feasible alternative solutions. School facility planning models may be described as rational (involving specialists, requiring a large amount of data, and implemented through clear lines of authority), integrated (involving many stakeholders and frequent exchange of information, implemented through decentralized authority), or consensus models (involving aspects of the other two models). Effective school facility planning requires the input of a wide variety of professionals and future building occupants, as well as leadership by individuals with effective group dynamic skills. The objective of the school planning process should be to advance the design of safe, comfortable, and developmentally appropriate learning environments for students of all ages in a multicultural society. Throughout time and across the globe, critics have argued that school facilities are inadequate and inappropriate, but the architecture does eventually respond to educational reforms" (ebd.: 93).

Dabei ist es für Architekten wesentlich „to gain an understanding of the educational philosophies supported within a school in order to ensure that learning environments are appropriately designed" (ebd.: 94). Aus diesem Verständnis heraus wird versucht, das Design, die Planung und den Bau bzw. die Renovierung der Schulgebäude (vgl. Sanoff 2015) voranzutreiben und Schulen zu „Schools of the Future" (Walden 2009) umzugestalten (siehe auch die Beiträge aus der Sicht der Architektur und der Architekturpsychologie in diesem Band). Forschungsdominierend ist hier der architekturpsychologische Blick auf Schulgebäude und Klassenzimmer. Pädagogische Praxis und unterrichtliches Handeln der Lehrkraft sind nur insofern von Interesse, da sie sich in dem zu planenden bzw. realisierten Gebäude abspielen und sowohl Lehrkräfte als auch Schülerinnen und Schüler als Akteure in den Planungsprozess des Schul- und Klassenzimmerbaus einbezogen werden (vgl. Blackmore et al. 2011).

1.1.2 Zusammenhänge zwischen Schulgebäude, Klassenzimmer, Schülerinnen, Schüler und Lehrkraft als Forschungsgegenstand

Sucht man in der deutschsprachigen Forschung zum Schulraum dezidiert nach Zusammenhängen zwischen Schulgebäude, Klassenzimmer, Schülerinnen, Schülern und Lehrkräften, so zeigt sich, dass diese erziehungswissenschaftliche Perspektive kaum berücksichtigt wird. Weder in den aktuellen Forschungsbänden (z. B. Kahlert et al. 2013) noch in den einschlägigen Forschungsprojekten und -schwerpunkten (vgl. Böhme 2009 & 2013). Vielmehr werden Gestaltungshinweise für eine förderliche Lernumgebung gegeben.

In der internationalen Forschung lässt sich ein ähnlicher Befund konstatieren: Weder die einschlägigen Sammelwerke (z. B. Tanner/Kackney 2006) noch die entsprechenden Forschungsreviews (z. B. Higgins et al. 2005) sehen einen Zusammenhang zwischen Schulgebäude, Klassenzimmer, Schülerinnen, Schülern und Lehrkraft, der durch die pädagogischen Grundhaltungen und didaktischen Orientierungen der Lehrkraft beeinflusst wird. Dennoch zeigen einzelne Untersuchungen, dass es Zusammenhänge zwischen Lernen und Lehren und der gebauten Umgebung gibt (z. B. Barrett et al. 2015). Eine interessante Fußnote zu diesen Forschungsarbeiten ist, dass diese Projekte zumeist von Designern und Architekten angestoßen werden (siehe z. B. Camuffo et al. 2014), die sich ausgehend von der Frage, wie Design gelernt werden kann, mit der jeweiligen Lernumgebung auseinandersetzen und sich in diesem Zusammenhang auch mit den Lernumgebungen in Schulen und Universitäten beschäftigen.

Im Unterschied zur deutschsprachigen, erziehungswissenschaftlichen Forschung wird im internationalen Kontext versucht, die Akteure in der Schule in den Forschungskontext (vgl. Woolner 2009; Woolner et al. 2011, 2012, 2013) einzubinden und so Erkenntnisse über den Einfluss der Lernumgebung auf Schule und Unterricht zu gewinnen.

Jeanette Böhme weist darauf hin, dass sich „in der aktuellen [deutschsprachigen] Schul- und Bildungsforschung zum Raum folgende vier Felder umreißen [lassen]:

■ Forschungen zur Wahrnehmung von Schulräumen (vgl. etwa Rittelmeyer 1994; Forster 2000)

- Forschungen zur Bedeutung des Raums für Bildungs- und Lernprozesse, Identitätsentwicklung sowie Biografisierung (vgl. etwa Becker/Bilstein/ Liebau 1997, Schubert/Callejo-Perez/Slater/Fain 2003, Westphal 2007)
- Forschungen zu Praktiken und Konstruktionsprozessen zur Hervorbringung von Räumen (vgl. etwa Liebau/Miller-Kipp/Wulf 1999, Breidenstein 2004, Hummrich 2011)
- Forschung zur architektonischen Ordnung von pädagogischen Räumen (vgl. Jelich/Kemnitz 2003, Böhme 2009)" (Böhme 2013: 136).

In diesen aktuellen Diskursen lassen sich nur wenige empirische Studien finden, die die Lehrkraft sowie Schülerinnen und Schüler und deren Umgang mit der gebauten Umgebung, dem vorgegebenen Klassenzimmer in den Blick nehmen. Vielmehr werden pädagogische Überlegungen im Sinne von Bildungszielen und -entwürfen zum Ausgangspunkt genommen und über die Gestaltung und Nutzung von Klassenzimmern nachgedacht. Die Nutzung des Klassenzimmers wird dabei als Bestätigung ihrer zuvor versprachlichten didaktischen Orientierungen und pädagogischen Überzeugungen gesehen (vgl. Martin 2000 & 2002).

Zudem finden sich vielfach appellativ gehaltene Literaturbeiträge, die im Rahmen der Schulentwicklung eine Neugestaltung der Schulgebäude und der Klassenzimmer fordern (vgl. Saalfrank 2013) und diese Veränderungsforderungen mit der sich verändernden Gesellschaft, den Anforderungen an Schule und Unterricht sowie an die Lehrerprofessionalität begründen.

1.1.3 Zusammenfassung

Die deutschsprachige raumwissenschaftliche Schul- und Bildungsforschung lässt sich bisher in zwei große Forschungsstränge einteilen. Zum einen werden der Schulraum, das Schulgebäude und der Klassenraum in einer phänomenologisch-anthropologischen Perspektive untersucht und die räumlichen Bedingungen der Schule mit Aspekten des Schullebens und der Schulkultur verknüpft. Zum anderen beschäftigt sich die empirisch orientierte raumwissenschaftliche Schul- und Bildungsforschung mit den Bedingungen der Schulgebäude und des Klassenzimmers, die den Unterricht beeinflussen.

In der internationalen Forschung, die sich mit Hilfe der Schlagworte *Schools of the Future* und *Learning Environment* ebenfalls in eine architektonisch geprägte und eine erziehungswissenschaftlich geprägte Richtung einteilen lässt, zeigen sich ähnliche Untersuchungs- und Betrachtungsmuster. Ausgehend von der Beschreibung der Funktionen, die ein Klassenzimmer erfüllen muss (z. B. nach Steele 1973), hat sich mit den Untersuchungen von Weinstein (2007, 2011) eine empirische Forschungsrichtung etabliert, die sich der Beschreibung und Analyse von Unterrichtsprozessen im Klassenzimmer

11

und Schulgebäude widmet (im Überblick Higgins et al. 2005). Dabei lassen sich zwei übergeordnete Forschungsperspektiven unterscheiden: Die eine hat die Verbesserung der räumlichen Situation für Schule und Unterricht als Ausgangspunkt und Ziel ihrer Überlegungen (vgl. Woolner 2009). In diesen Studien steht die tatsächliche Forschungsarbeit mit Lehrkräften, Schülerinnen, Schülern und Eltern im Mittelpunkt, und es wird partizipativ am Design von Schulgebäuden und Klassenzimmern gearbeitet. Die andere Forschungsperspektive widmet sich den Bedingungen des Lehrens und Lernens in der gebauten Umgebung und versucht durch Beobachtung der Unterrichtsgeschehnisse, Rückschlüsse auf „students' achievement" (Barrett et al. 2015) zu ziehen.

2   Aktuelle Forschungsperspektiven

Ausgehend von einem Überblick über die theoretische und empirische Forschung zu Schulgebäuden und Klassenzimmern im Zusammenhang mit Lehren und Lernen werden im vorliegenden Band die unterschiedlichen Ergebnisse aus den differierenden Forschungstraditionen zusammengetragen. Dadurch können die Bedeutung der gebauten Umgebung auf Lehr-Lernprozesse nachgezeichnet und aktuelle Forschungsperspektiven verdeutlicht werden:

In drei Beiträgen werden eher grundsätzliche Fragen und Überblicke zum Thema „Lernumgebungen" geboten. Aus erziehungswissenschaftlicher Perspektive stellt ein Phänomenologe Ansprüche an und Voraussetzungen für eine lernunterstützende Schulgestaltung vor, eine forschende Schuldirektorin beschreibt und analysiert die gebaute Schullandschaft in Island und eine Schulpädagogin erläutert anhand eines Forschungsüberblicks, wie aus Schulräumen Lernumgebungen werden können. So setzt sich *Christian Rittelmeyer* kritisch mit der Frage auseinander, wie Schulen gestaltet sein müssten, um den Ansprüchen der Nutzerinnen und Nutzer, insbesondere den Schülerinnen und Schülern gerecht zu werden. Ausgehend von einem mehrjährigen Forschungsprojekt stellt er gelingende und misslingende Schulhausgestaltungen gegenüber und zeigt so, welche Faktoren in der Gestaltung beachtet werden sollten, damit sich Schülerinnen und Schüler in ihrer Schule wohlfühlen. In Island finden sich, im Vergleich zur Schulhausarchitektur auf dem europäischen Festland, viele, relativ neue Schulgebäude, die nach dem Prinzip der Open-Plan-Schools errichtet wurden. *Anna Kristín Sigurðardóttir* und *Torfi Hjartarson* zeigen in ihrem Beitrag, wie diese Schulen geplant, gebaut und nun im Schulalltag genutzt werden. Dabei liegt der Schwerpunkt ihrer Darstellung ebenfalls auf der Beurteilung und Nutzung der Schulgebäude durch Lehrkräfte, Schülerinnen und Schüler. Wie Schulen und Klassenzimmer als

Lernumgebungen genutzt werden und wie sich erziehungswissenschaftliche Forschung in diesem Zusammenhang weiterentwickeln kann, erläutert *Ulrike Stadler-Altmann* in ihrem Beitrag und versucht die Frage zu klären, ob Schulgebäude und Klassenzimmer einen Einfluss auf das Lehren und Lernen haben können.

Neben den Möglichkeiten, wie Zusammenhänge zwischen Gestaltung der gebauten Lernumgebung, Lehren und Lehren beschrieben und dies evaluiert werden kann, werden auch neuere Forschungsmethoden, die die Beteiligten im Designprozess von Schulhäusern und Klassenzimmern einbeziehen, diskutiert. Weitere Ergebnisse aus der erziehungswissenschaftlichen Forschung illustrieren, wie Lehrkräfte, Schülerinnen und Schüler mit ihrem Klassenzimmer, ihrer Schule umgehen. Dabei werden nicht nur einzelne Schulentwicklungsprojekte, sondern auch die Perspektive der Schulsteuerung in den Blick genommen. Anhand ihres Berichts über ein aktuelles Forschungsprojekt aus England zeigten und analysierten *Pamela Woolner* und *Lucy Tiplady* Gelingensbedingungen für eine Schulraumgestaltung, die, ausgehend von einer Veränderung des Schulraums, die Schulkultur und das Lehren und Lernen verbessert. Ergänzend zu dieser Mikroperspektive, die eine einzelne Schule und die entsprechenden Veränderungsprozesse analysiert, zeigt *Bettina-Maria Gördel* in ihrer Darstellung Aspekte der Gouvernancesteuerung im Schulbau auf. Wie moderne Strategien der Verwaltungsorganisation und -steuerung sich im Kontext der Schuladministration auswirken, wird in ihrem Beitrag deutlich.

(Schulbau-)Architektinnen und Architekten können durch ihre Planungen Lehren und Lernen unterstützen. Wie dies gelingen kann, wird in drei Beiträgen international anerkannter Architekten aus Deutschland, Amerika und Portugal deutlich. Verdichtet in der Darstellung einer Schulhausplanung stellt *Henry Sanoff* seine jahrelange Erfahrung in der Planung und im Bau von für Lehrkräfte, Schülerinnen, Schüler und Eltern attraktiven und lernunterstützenden Schulhäusern dar. Dabei steht bei ihm wie bei seinem deutschen Kollegen Peter Hübner der partizipatorische Ansatz im Mittelpunkt. In seinen Planungsworkshops lernen Lehrkräfte, ihre Ansprüche an ein lehr- und lernförderliches Schulgebäude mit den architektonischen Möglichkeiten und Grenzen der Baustatik in Einklang zu bringen. So entstehen Schulen, die für das Lehren und Lernen geplant und gebaut sind. Der deutsche Architekt *Peter Hübner* geht noch einen Schritt weiter und bezieht in erster Linie Schülerinnen und Schüler in seine Schulhausplanungen mit ein. Dabei passt er seine Vorgehensweise sowohl dem Alter der Schülerinnen und Schüler als auch dem Bildungs- sowie Erziehungsziel der jeweiligen Schulgemeinschaft an. Seine Schulgebäude sind individuelle Lernlandschaften, und in seinem Beitrag werden zunächst grundsätzliche Überlegungen dargestellt und dann Umsetzungsbeispiele präsentiert. Ausgehend von der Überlegung, dass Schulen einen gesellschaftlichen Auftrag erfüllen und sich in einer wandelnden Gesellschaft sich ihrer jeweiligen Umgebung öffnen müssen, hat der portugiesische Architekt *Gonçalo Canto Moniz* in einem Projekt mit Architekturstudierenden Entwürfe für die Öffnung von Schulen erarbeitet. Dabei war der Blick auf die Ermöglichung von Lehr-Lernprozessen in der Schule und im Austausch mit ihrer jeweiligen Umgebung Dreh- und Angelpunkt der Planung.

Eine architekturpsychologische Betrachtung rundet die Gesamtschau auf Lernumgebungen ab. In ihrer Beschreibung der Bedeutung von Geräuschen für den Menschen versucht *Rotraut Walden* die Ermöglichung, aber auch die Störanfälligkeit von Lehren und Lernen zu betrachten.

Die Multiperspektivität der hier versammelten Beiträge ermöglicht es zum einen, die jeweiligen fachwissenschaftlichen Diskurse nachzuvollziehen, und zum anderen, sich ein facettenreiches Bild zu Lehren und Lernen in der gebauten Umgebung zu machen. Jede der vertretenen Fachdisziplinen liefert somit Ideen und Ansatzpunkte für zukünftige Forschung und Gestaltung von Schulgebäuden und Klassenzimmern. Besonders ertragreich ist dafür der Austausch zwischen den Disziplinen, wie er z. B. auf dem regelmäßig stattfindenden Symposium „School of the Future" des Zentrums für Lehrerbildung der Universität Koblenz-Landau gepflegt wird.

Literatur

Becker, G./Bilstein, J./Liebau, E. (Hrsg.) (1997): Räume bilden. Donauwörth.

Breidenstein, G. (2004): KlassenRäume – eine Analyse räumlicher Bedingungen und Effekte des Schülerhandelns. In: Zeitschrift für qualitative Bildungs-, Beratungs- und Sozialforschung, Jg. 5, Heft 1, S. 87–107.

Böhme, J. (2013): Pädagogische Raumentwürfe. In: J. Kahlert/K. Nitsche/K. Zierer (Hrsg.): Räume zum Lernen und Lehren. Perspektiven einer zeitgemäßen Schulraumgestaltung. Bad Heilbrunn: Klinkhardt, S. 133–144.

Böhme, J. (Hrsg.) (2009): Schularchitektur im interdisziplinären Diskurs. Territorialisierungskrise und Gestaltungsperspektiven des schulischen Bildungsraums. Wiesbaden: VS-Verlag.

Böhme, J./Flasche, V. (2015): Raumspuren pädagogischer Sinnkonstruktionen im urbanen Wandel. In: Th. Coelen/A. Million/A. J. Heinrich (Hrsg.): Stadtbaustein Bildung. Wiesbaden: VS.

Böhme, J./Herrmann, I. (2009): Schulraum und Schulkultur. In: J. Böhme (Hrsg.): Schularchitektur im interdisziplinären Diskurs. Territorialisierungskrise und Gestaltungsperspektiven des schulischen Bildungsraums. Wiesbaden: VS, S. 204–220.

Blackmore, J./Bateman, D./Loughlin, J./O'Mara, J./Aranda, G. (2011): Research into the connection between built learning spaces and students outcomes. Literature review. Paper No. 22, http://www.education.vic.gov.au [Zugriff am 11.10.2015].

Camuffo, G./Dalla Mura, M./Mattozzi, A. (2014) (ed.): About Learning and Design, Bolzano: bu press.

Higgins, St./Hall, E./Wall, K./Woolner, P./McCaughey, C. (2005): The Impact of School Environments: A literature review. Newcastle.

Horne Martin, S. C. (2004): Environment-Behaviour Studies in the Classroom, in: The Journal of Design and Technology Education, Vol. 9, Nr. 2, pp. 77–89.

Horne Martin, S. C. (2002): The Classroom Environment and its Effects on the Practice of Teachers. In: Journal of Environmental Psychology (22), pp. 139–156.

Horne, S. C. (1999): The Classroom Environment and its Effect on the Practice of Teachers. Unpublished Ph.D., Goldsmith College, University of London.

Hummrich, M. (2011): Jugend und Raum. Wiesbaden.

Jelich, F.-J./Kemnitz, H. (Hrsg.) (2003): Die pädagogische Gestaltung des Raums. Bad Heilbrunn.

Kahlert, J./Nitsche, K./Zierer, K. (2013) (Hrsg.): Räume zum Lernen und Lehren. Perspektiven einer zeitgemäßen Schulraumgestaltung. Bad Heilbrunn: Klinkhardt.

Liebau, E./Miller-Kipp, G./Wulf, Chr. (Hrsg.) (1999): Metamorphosen des Raums. Erziehungswissenschaftliche Forschungen zur Chronotopologie. Weinheim.

Montag Stiftung Urbane Räume gAG/Montag Stiftung Jugend und Gesellschaft (2011) (Hrsg.): Vergleich ausgewählter Richtlinien zum Schulbau – Kurzfassung. Heft 1, Reihe: Rahmen und Richtlinien für einen leistungsfähigen Schulbau in Deutschland.

Nitsche, K./Kirsch, M. (2013): UNI-Klassen – Raum für universitäre Lehre und schulisches Lernen. In: J. Kahlert/K. Nitsche/K. Zierer (Hrsg.): Räume zum Lernen und Lehren. Perspektiven einer zeitgemäßen Schulraumgestaltung. Bad Heilbrunn: Klinkhardt, S. 249–254.

Rittelmeyer, Chr. (2010): ‚Wie wirkt Schularchitektur auf Schülerinnen und Schüler? Ein Einblick in Ergebnisse der internationalen Schulbauforschung‘. In: Stadt Zürich – Schulamt (Hrsg.): Gestaltung von Schulbauten. Ein Diskussionsbeitrag aus erziehungswissenschaftlicher Sicht. Zürich.

Rittelmeyer, Chr. (1994): Schulbauten positiv gestalten. Wiesbaden/Berlin.

Sanoff, H. (1994): School designs, New York: Wiley.

Sanoff, H. (1996): ‚Designing a responsive school‘, The School Administrator 53 (6), pp. 18–22.

Sanoff, H./Walden, R. (2012): ‚School Environments‘.In: S. Clayton (ed.), 15th Chapter in The Oxford Handbook of Environmental and Conservation Psychology. New York: Oxford University Press (OUP), pp. 276–294.

Schubert, W. H./Cllejo-Perez, D. M./Slater, J. J./Fain, S. M. (2003): Understanding Place as a Social Aspect of Education. In: Dies. (ed.): Pedagogy of Place: Seeding Place as cultural Education. New York.

Schnur, O. (2008): Quartiersforschung im Überblick – Konzepte, Definitionen und aktuelle Perspektiven. In: O. Schnur (Hrsg.): Quartiersforschung zwischen Theorie und Praxis. Wiesbaden, S. 19–52.

Stadler-Altmann, U. (2016): Den Lernort Ganztagsschule gestalten. In: S. Maschke/ G. Schulz-Gade/L. Stecher (Hrsg.): Jahrbuch Ganztagsschule. Wie sozial ist die Ganztagsschule? Schwalbach/Ts.: Debus Pädagogik Verlag, S. 127–135.

Stadler-Altmann, U. (2015): The Influence of School and Classroom Space on Education. In: Chr. Rubie-Davis/J. Stephens (Ed.): The Social Psychology of the Classroom International Handbook. London: Routledge, pp. 252–262.

Steele, F. I. (1973): Physical settings and organisation development. Reading MA: Addison-Wesley.

Tanner, C. K./Lackney, J. A. (2006): Educational Facilities Planning. Leadership, Architecture and Management. Boston, New York, San Francisco: Pearson.

Walden, R. (2009): Schools for the future. Design Proposals from Architectural Psychology. Cambridge, Göttingen: Hogrefe & Huber.

Watschinger, J./Kühenbacher J. (2007): Schularchitektur und neue Lernkultur. Bern: hep.

Weinstein, C. S./Romano Mignano, A. J. (2011): Elementary classroom management. Lessons from research and practice. New York: McGraw-Hill.

Weinstein, C. S. (2007): Middle and Secondary classroom management. Lessons from research and practice. New York: McGraw-Hill.

Westphal, K. (2007) (Hrsg.): Orte des Lernens. Beiträge zu einer Pädagogik des Raumes. Weinheim, München: Juventa.

Weyland, B. (2014): Fare Scuola. Un corpo da reinventare, Milano: guerini scientifica.

Weyland, B./Attia, S. (2015): Progettare Scuole. Tra Pedagogia e Architettura. Milano: guerini scientifica.

Woolner, P. (2010): The Design of Learning Spaces. London, New York: continuumbooks.com.

Woolner, P./Clark, J./Laing, K./Tiplady, L./Thomas, U. (2013): Teachers Preparing for Changes to Learning Environment and Practices in a UK Secondary School. Paper presented at ECER 2013. Istanbul.

Woolner, P./Clark, J./Laing, K./Thomas, U./Tiplady, L. (2012): ‚Changing Spaces: Preparing Students and Teachers for a New Learning Environment‘, Children, Youth and Environments 22 (1), pp. 52–74.

Woolner, P./McCarter, Sh./Wall, K./Higgins, St. (2011): Changed Learning Through Changed Space. When can a Participatory Approach to the Learning Environment Challenge Preconceptions and Alter Practice? Paper presented at AERA 2011.

Woolner, P./Clark, J./Hall, E./Tiplady, L./Thomas, U./Wall, K. (2010): ‚Pictures are necessary but not sufficient: Using a range of visual methods to engage users about school design‘, Learning Environment Research, 13, pp. 1–22.

Woolner, P./Hall, E./Wall, K./Dennison, D. (2007): 'Getting together to improve the school environment: user consultation, participatory design and student voice', Imporving Schools, 10, pp. 233–248 http://imp.sagepub.com/content/10/3/233 [Zugriff am 11.10.2015].

2 Probleme und Perspektiven der Schulbau-Gestaltung

Christian Rittelmeyer

Kurzfassung

In den letzten Jahren wurde die Wirkung der Schularchitektur auf Schülerinnen und Schüler zunehmend in den Blick genommen. In vielen Studien konnte gezeigt werden, dass eine gestalterisch ansprechende Schulhausgestaltung mit besseren Schulleistungen, weniger Schulvandalismus, besserer sozialer Atmosphäre und besserer Gesundheit korreliert. Empirische Studien belegen, dass Schulgebäude eine rhetorische und/ oder soziale Botschaft durch symbolische Gesten und Posen vermitteln. Diese können lebhaft, traurig, brutal, geschwätzig, lebendig, spielerisch, hoffnungsvoll, gewalttätig, zerbrechlich, aufdringlich, unbekümmert etc. sein. Diese soziale Rhetorik der Schulgebäude kann durch Schülerfragebogen und eine präzise phänomenologische Analyse der Gebäude beschrieben werden. In verschiedener Hinsicht werden die Schulen, z. B. durch ihre Fassade bzw. Gebäudefront, für ihre Benutzerinnen und Benutzer zu „Interaktionspartnern" und als repressive oder tolerante, düstere oder heitere Figuren wahrgenommen. Was ist in der Wahrnehmung der Schülerinnen und Schüler ein gutes, freundliches und liebenswertes Schulgebäude? Oder präziser gefragt: Welche Kriterien muss ein Schulgebäude aufweisen, damit Schülerinnen und Schüler sie als ‚menschlich' wahrnehmen? In einem sechs Jahre andauernden Forschungsprojekt an der Universität Göttingen konnten drei konsistente Kriterien hinsichtlich der Bauform und der Farbgebung von Schulgebäuden gefunden werden, die von Schülerinnen und Schülern positiv wahrgenommen werden: große Vielfalt und stimulierendes Potential der Bauform und der Farbgebung; befreiende und zwanglose Gestaltung des Gebäudes sowie Wärme und Geschmeidigkeit der Farben und der Formen.

Abstract

In recent years much research has focussed on the impact of school architecture on pupils. These studies show very clearly that school buildings with a positive profile or image are related to better academic achievement, less school vandalism, better social atmosphere and better health. Empirical research demonstrated that school buildings are perceived as rhetorical or social messages; they are experienced in terms of gestures and poses. They appear to be vibrant, sad, brutal, chatty, playful, hopeless, violent, fragile, pushy, easy-going and so on. The social rhetoric of school buildings can be decoded by having pupils complete questionnaires, and also by a precise phenomenological analysis of the buildings. In a certain sense, various architectural structures in schools, such as facades and landings, meet their inhabitants as "interaction-partners" and are felt to be oppressive or tolerant, gloomy or cheerful acquaintances. What is, in the view of pupils, a good, friendly, likeable school building? More precisely: what are the criteria of a human scale school architecture in the view of pupils? A six year research project at Göttingen University, concerned with the effects of school architecture on pupils, found three consistent criteria which determine the positive appeal of the structural shapes and colour schemes of schools: The rich variety and stimulating potential of structural shapes and colour schemes; a liberating and internally unconstrained building configuration; and warmth/softness of colours and shapes.

2.1 Die andauernde Misere der Schulbauplanung

Im Jahr 2009 wurde in einem Oberstufenzentrum Kassels (11. und 12. Schuljahr) eine Schülerbefragung zu den *Schulbau-Abbildungen 1* und *2* durchgeführt (ausführlich dazu: Rittelmeyer 2013: 12ff.). *Abbildung 1* zeigt einen *preisgekrönten* Schulbau-Entwurf der Stadt Berlin aus dem Jahr 1993, *Abbildung 2* zeigt die Fassadenansicht einer 1996 erbauten Schule in Köln (vgl. Senatsverwaltung 1993: 83; Blundell Jones 2007: 186). Die insgesamt 40 Schülerinnen und Schüler des 11. und 12. Jahrgangs wurden gebeten, die Schulbau-Ansichten durch schriftlich festgehaltene Stichworte zu kommentieren.

Abb. 1: Preisgekrönter Schulbau-Entwurf der Stadt Berlin (1993)

(Rittelmeyer 2013: 12)

Hier einige typische Äußerungen zur *Abbildung 1* (Schrägstriche trennen die Stichworte einzelner Schülerinnen bzw. Schüler): Krankenhaus, Kasten, ungemütlich, kahl, rational, „in Reih' und Glied", kalt, beängstigend, erdrückend/ Büro, viele Menschen, kantig und eckig, beängstigend, einsam, mulmiges Gefühl, Bauchweh, Angst, tot/Krankenhaus, Klinik, Sanatorium, monoton, Disziplin, Ordnung/Langweilig, modern, aber zu riesig, Fabrik, zu einheitlich, verlassen/Gefängnis, Massenabfertigung, kalt, unfreundlich, demotivierend/ Schulfabrik, Massenlernanstalt, wie Gefängnis, abschreckend, da das Gebäude so groß ist, Strenge, Lehrer-Mobbing/zu groß, Bunker, mächtig, sehr monoton und langweilig/Es wird Wert auf Ordnung und Disziplin gelegt, eintönig/Kaserne, Ausbildungszentrum für Klontruppen, Öde, Militär, Lagerhaus, darin macht das Lernen keinen Spaß!

Abb. 2: Fassadenansicht einer Schule in Köln (1996)

(Senatsverwaltung 1993: 83)

Ganz anders fallen die Stichworte zur *Kölner Schule* aus – auch dafür einige typische Beispiele: Ort wo man gerne ist, wie ein Naturpark, wirklich inspirierend, Glück, Spaß, ruhige Gelassenheit, erfrischend und entspannend! Baut nur solche Schulen!!!/Schöne Schule, entspannend, fröhlich, menschenfreundlich, gute Atmosphäre/Natur, Freude, Offenheit, Leistungen mit Spaß verbunden, Freiraum, kreativ/Parkanlage, natürlich, entspannend, offen und freundlich, gute Atmosphäre, Individualität/frei, belebend, offen, schön, einladend/sehr schönes Gebäude, sehr schöne Umgebung, hat was entspannendes, freundlich, warm, einladend, ausgeglichen, schön, man fühlt sich wohl, Gegenteil von Schulen, wie man sie bisher kennt/begeisternd, frei, warm/eine schöne Schule, sehr freundlich/viel Raum für Kreativität, keine starren Formen, keine Zwänge.

Natürlich sind Schulgebäude differenzierte Gebilde, sie können je nach betrachtetem Detail (Eingangshalle, Klassenraum, Flur, Mensa usw.) sehr unterschiedlich wirken. Schulen können Schülerinnen und Schülern schön erscheinen, für Lehrkräfte jedoch in verschiedener Hinsicht Probleme aufwerfen, weil z. B. technische Abläufe durch die Bauform behindert werden. Gerade das Kölner Schulgebäude ist jedoch auch deswegen interessant, weil es *wissenschaftlich evaluiert* wurde. Die Architekturpsychologin Rotraut Walden hat gemeinsam mit Mitarbeiterinnen untersucht, in welchem Ausmaß die Einstufung der aktuellen Schulbau-Gestaltung mit dem gewünschten Idealzustand übereinstimmt (vgl. Walden/Borrelbach 2002; Walden 2008: 185ff.). Sie bezeichnet Schulbauten, in denen dies in hohem Ausmaß der Fall ist, als „Schulen der Zukunft", in denen sich Lehrkräfte wie Schülerinnen und Schüler wohlfühlen können. Das Kölner Schulgebäude ist ein solches Zukunftsmodell.

Setzt man sich etwas genauer mit derartigen unterschiedlichen „Lesarten" der Schularchitektur auseinander, muss man allerdings anerkennen, dass ein Gebäude wie das auf *Abbildung 1* gezeigte sehr verschiedenartig interpretiert werden kann: als Artikulation einer klaren und rationalen Formensprache, die symbolisch den rationalen Geist zum Ausdruck bringt, der in Schulen heute entwickelt werden sollte, als architektonische Repräsentation der Ruhe und klaren Einfachheit, als Ort der sicheren Orientierung anstelle von Verwirrung, usw. Aber man kann in der Wiederholung gleicher Elemente, in der seriellen Fassadengestaltung auch eine Demonstration antimoderner Elemente entdecken – es fehlt solchen Bauten, so der Vorwurf, an wesentlichen Ausdrucksformen der Moderne: an der symbolischen Artikulation der *Entwicklung* bzw. *Veränderung* wie auch der *Individualisierung*. Eine solche in sich eher heterogene Baugestalt, in der verschiedenartige („individualisierte") Einzelelemente gleichwohl zu einem stimmigen Ganzen verbunden werden und die beim Betrachter den Eindruck einer Dynamik unter anderem der Fassadengestalt hervorrufen, veranschaulicht *Abbildung 2*.

Es dürfte offensichtlich sein, dass über die pädagogische Angemessenheit solcher verschiedenartiger „Lesarten" der Architektur nicht *theoretisch* entschieden werden kann. Sie stellen jedoch ein Kardinalproblem der Schulbaudiskussion dar und legen daher die Frage nahe, wie darüber *argumentativ* verhandelt werden kann. Mir scheint, dass solche Argumente strikt auf die Interessen und Sichtweisen der *Nutzerinnen und Nutzer*, also insbesondere der Schülerinnen und Schüler, bezogen sein müssen. Schulbauten werden bisher überwiegend im Zusammenwirken von Architekturbüros und Behörden geplant – von Gremien, deren Mitglieder sich nicht unbedingt durch pädagogische wie auch psychologische Fachkenntnisse und Sensibilitäten auszeichnen. Wie können solche Nutzerinteressen ermittelt werden, nach welchen Kriterien bewerten Schülerinnen und Schüler bestimmte Form- und Farbgestaltungen in Schulbauten positiv oder negativ? Und woran liegt es, dass Schulbauplaner sowie Nutzerinnen und Nutzer häufig so verschiedenartige und unvereinbare Qualitätskriterien für diese Gebäude entwickeln?

2.2 Nutzerbefragungen und das Problem der „Architektenrhetorik"

Im Rahmen eines deutschen Forschungsprojektes wurden z. B. Räume/Raumabbildungen bzw. Fassaden/Fassadenabbildungen auf sogenannten *Semantischen Differentialen* eingestuft (Abbildung 3; vgl. Rittelmeyer 1987, 1994).

Die Schülerinnen und Schüler kreuzten beispielsweise an, ob sie einen Raum eher als erdrückend (Skala 1: „1" oder „2") oder eher als befreiend („4" oder „5") erlebten. Aus allen Urteilen wurden die Mittelwerte berechnet und in das Differential eingetragen (auf der ersten Skala liegt dieser Mittelwert im vorliegenden Fall bei 2,5). Die Punkte wurden durch Linien verbunden,

Abb. 3: Semantisches Differential

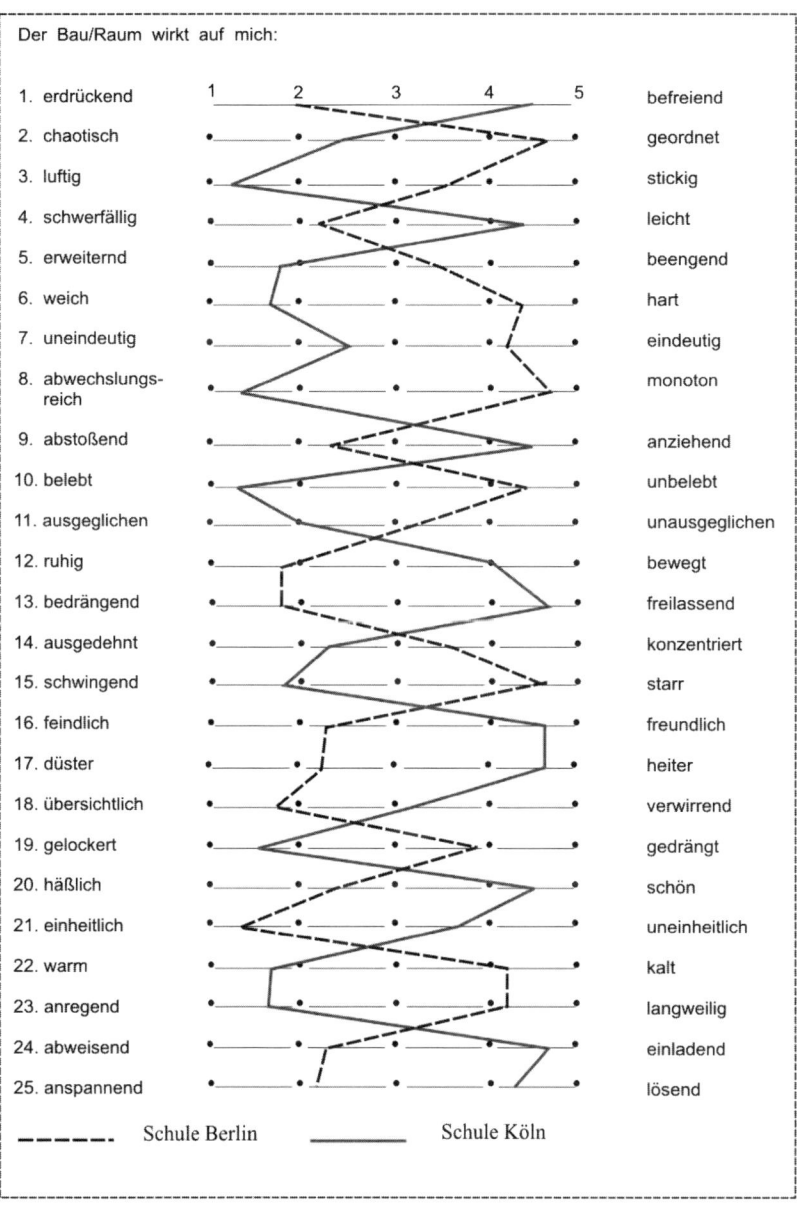

Der Bau/Raum wirkt auf mich:

	1	2	3	4	5	
1. erdrückend						befreiend
2. chaotisch						geordnet
3. luftig						stickig
4. schwerfällig						leicht
5. erweiternd						beengend
6. weich						hart
7. uneindeutig						eindeutig
8. abwechslungsreich						monoton
9. abstoßend						anziehend
10. belebt						unbelebt
11. ausgeglichen						unausgeglichen
12. ruhig						bewegt
13. bedrängend						freilassend
14. ausgedehnt						konzentriert
15. schwingend						starr
16. feindlich						freundlich
17. düster						heiter
18. übersichtlich						verwirrend
19. gelockert						gedrängt
20. häßlich						schön
21. einheitlich						uneinheitlich
22. warm						kalt
23. anregend						langweilig
24. abweisend						einladend
25. anspannend						lösend

------- Schule Berlin ———— Schule Köln

(Rittelmeyer 1987, 1994)

sodass ein sogenanntes *Polaritätenprofil* entstand, das wichtige Trends des Raumerlebens erkennen lässt. Bauten der auf *Abbildung 1* gezeigten Art erhielten fast immer Beurteilungsprofile der hier vorgestellten Art. Man sieht, dass dieser Bautyp von besonders vielen Personen (= Extremwerte) als geordnet, hart, monoton, unbelebt, starr, kalt, langweilig, abweisend, übersichtlich und hässlich eingestuft wurde. In diesen Fällen waren sich also die Befragten in ihrem negativen Urteil weitgehend einig – ein Befund, der Planerinnen und Planern solcher Bauformen zu denken geben sollte. Es gibt also eine *Rhetorik des Baumilieus*, die pädagogischen Bestrebungen widerspricht – und eine andere, die das widerspiegelt, was ideell in einer pädagogischen Programmatik lebt und zur Wirklichkeit strebt. Bauten und Räume dieser letztgenannten Art provozieren dann *gegenläufige* Anmutungsprofile: Sie wirken belebt, schön, warm, anziehend, abwechslungsreich, ausgeglichen, freilassend, schwingend usw. Man wird daran erkennen können, dass und in welcher Weise sich aus der Sicht der Nutzerinnen und Nutzer bestimmte „soziale Gebärden" im Baumilieu artikulieren.

Wie Kongresse, beispielsweise des „Programme on Educational Building" (PEB) bzw. neuerdings des Centre for Effective Learning Environments (CELE, Paris) der OECD, zeigen, sind Negativbewertungen vieler Schulbauten durch Schülerinnen und Schüler wie auch durch das Lehrpersonal nach wie vor ein internationales Problem: Klagen über menschenfeindliche Schulbauten gehören zum Standardrepertoire internationaler Tagungen und Publikationen zum Thema. Da bisher kein Ende dieser Misere abzusehen ist, stellt sich die Frage: Was tun?

Dass derartige (von ihren Nutzerinnen und Nutzern negativ bewertete) Gebäude entstehen, hat sicher viele Gründe. Einer der wichtigsten besteht darin, dass einige Planer bzw. Erbauer der Schulen auf der einen, die Nutzer auf der anderen Seite verschiedenartigen „Sprachspielen" folgen, dass sie denselben Bau unterschiedlich interpretieren – kurzum: dass die Verständigungsbasis, die gemeinsame Sprache fehlt, von der her Schulbauten beurteilt und nutzerfreundlich geplant werden könnten. Da werden Flure von Architekten als „Lehrstraßen" bezeichnet, die aus Lehrer- und Schülersicht wie „Blechkästen" oder „kahl und monoton", „kalt und abweisend" erscheinen. Ein voluminöses Dach, das auf befragte Jugendliche wie eine schwer lastende Landschaft übereinander geschoben Eisblöcke und daher erdrückend im Hinblick auf den Unterbau wirkt, wird vom Architekten als „Verbindung von behütender Geste über dem Schulleben und der umgebenden Allgäuer Landschaft" deklariert. Aufeinanderfolgende Gruppen von Giebelbauten, die Lehrern als monotone Aufreihung erscheinen, gelten dem Architekturbüro als „Ensemble voll räumlicher Überraschungen"; eine schwarz gestaltete Pausenhalle, die auf Schüler düster und abweisend wirkt, ist aus der Sicht des Farbgestalters kinderfreundlich, denn „Schwarz ist die geeignete Hintergrundfarbe für das bunte Spiel der Kinder".

Gelegentlich kann man auch den Eindruck gewinnen, dass es für einzelne Schulbau-Architekten relativ gleichgültig ist, ob sie ein Einkaufszentrum, ein Bank- oder Schulgebäude entwerfen. Erkennbar werden vor allem architektonische Zeitgeistmoden zitiert, nicht aber Botschaften inszeniert, die eine zeitgemäße Pädagogik zum Ausdruck bringen (dazu auch Rittelmeyer 2004). In einem Überblick des Design Council London über neuere Schulbau-Forschungen wird als ein immer wieder genanntes Problem die oft sehr unterschiedliche Wahrnehmung von Schulbauten durch Architekten auf der einen und durch Lehrer sowie Schülerinnen und Schüler auf der anderen Seite hervorgehoben – die eben zitierten Beispiele mögen verdeutlichen, um welche Differenzen es dabei geht (Higgins u. a. 2005). Die Folge ist dann häufig eine mehr oder minder ausgeprägte Unzufriedenheit der Nutzer mit ihren Schulgebäuden.

Es ist für den zukünftigen Schulbau daher wünschenswert, dass Pädagogen, Architekten und Behördenmitarbeiter sensibel werden für diese nutzertypischen Perspektiven und Bedürfnisse und dass sie darüber hinaus eine gemeinsame Sprache und Urteilsform finden, wenn es um die Planung oder Renovierung von Schulgebäuden geht. Was aus pädagogischer Perspektive wichtig erscheint, ist inzwischen in zahlreichen Bildbänden und durch Forschungsarbeiten dokumentiert worden (z. B. Schönig/Schmidtlein-Mauderer 2013; Rittelmeyer 2013; Walden/Borrelbach 2002; Watschinger/Kühebacher 2007; Dreyer u. a. 1999). Das heißt jedoch keineswegs, dass man in Schüler- und Lehrerkreisen immer auf kompetente Gesprächspartner trifft – im Gegenteil: Auch hier ist Sensibilisierung für die Argumente der Architektenseite erforderlich. Allzu häufig neigen Pädagoginnen und Pädagogen dazu, etwa auf Tagungen neueste und sie begeisternde Zukunftsprojekte zur Ganztagsschule zu entwickeln und diese nun umgehend in vermeintlich adäquate Raumgestaltungskonzepte „umsetzen" zu wollen. Dabei herrschen oft erstaunlich naive Vorstellungen im Hinblick auf baurechtliche Vorgaben, baukonstruktive Bedingungen für bestimmte architektonische Lösungen oder angemessene Verhältnisse zwischen architektonischer Form und Farbgebung bzw. Dekor vor. Auch neuere und für einen zeitgemäßen Schulbau interessante Entwicklungen der Architektur sind häufig nicht bekannt. Die gemeinsame Arbeit beider Seiten an den Projekten ist daher auch aus diesem Grund erforderlich – ein Ansatz, der durch verschiedene Architekturbüros inzwischen erfolgreich erprobt wird (z. B. Hübner 2005; Hammerer/Renner 2006). In Zukunft wird darüber hinaus auch die nutzerbezogene Evaluation der Schulbauten wichtig werden, um gelungene ebenso wie problematische Raumgestaltungen zu identifizieren und diese Erkenntnisse dann für weitere Bauten nutzbar machen zu können. Hierfür wurden in den letzten Jahren verschiedene Verfahren entwickelt wie z. B. die „Post Occupancy Evaluation" (POE) oder die Koblenzer Architekturbeurteilungsbögen (Jacobsen u. a. 2008; Walden 2008; Flade 2008). In die Planungsarbeiten für neue Schulbauten sollten jedoch auch Erkenntnisse der Architekturpsychologie eingehen, die bereits vorliegen. Am Beispiel eines umfangreichen Forschungsprojektes der Universität Göttingen soll exemplarisch verdeutlicht werden, auf welche nutzerfreundlichen Bauformen, aber auch auf welche Fehlentwicklungen diese Forschungen aufmerksam machen.

2.3 Kriterien schülergerechter Schulbauten: Was kennzeichnet ein sympathisches Schulgebäude aus der Sicht von Schülerinnen und Schülern?

Das eben erwähnte Göttinger Forschungsprojekt, in dessen Zusammenhang rund 500 Schülerinnen und Schüler verschiedener Schulstufen und Schulformen in Deutschland befragt wurden, hat *drei grundlegende Kriterien* aufgezeigt, nach denen Schülerinnen und Schüler ihre Schulgebäude positiv oder negativ bewerten:

1. Die Schularchitektur soll anregungs- und abwechslungsreich, nicht langweilig bzw. monoton wirken. Negativ werden z. B. Gebäude mit seriellen Fenstergestaltungen, monotonen Fluren, sich wiederholenden Raumteilern, eintönigen Farbgebungen eingestuft. Abgelehnt wird die Kastenarchitektur, Zustimmung erfahren organisch-lebendig wirkende Bauten, die das visuelle Erkundungsverhalten provozieren. Natürlich können auch Bauten mit den letztgenannten Attributen abgelehnt werden, wenn sie beispielsweise überladen oder auch mit mangelnder Könnerschaft geplant zu sein scheinen – die Angaben sind also nicht schematisch zu werten. Der auf *Abbildung 1* zu sehende preisgekrönte Architektenentwurf einer kasernenartigen, eintönig gestalteten Schulanlage kann als Prototyp dieser negativ bewerteten Schulbauvariante gelten. *Abbildung 2* zeigt ein positives Gegenbeispiel in Form anregungsreicher Farb- und Formgebungen: Die vielfältigen Sichtperspektiven, Raumelemente, Farbvariationen, Nutzungsmöglichkeiten, die „atmenden", mit Aus- und Einbuchtungen versehenen Fassaden wie auch das Naturareal bieten neben weiteren Gestaltungsformen mannigfaltige Anregungen für das visuelle Erkundungsverhalten. Neue Schulhaus-Konzepte mit Grünbewuchs und Cafés, plätschernden Bächen, Theaterräumen, „Gaststätten", vielseitig nutzbaren Gruppenräumen, schönen Bibliotheken und wohnlichen Klassenräumen bieten „Lernlandschaften", wie sie in der neueren didaktischen Diskussion betont und besonders für Ganztagsschulen gefordert werden (Blundell Jones 2007; Rittelmeyer 2013; Schulamt der Stadt Zürich 2010).

2. Räume und Gebäudeformen sowie Farben und Interieur sollen freilassend und befreiend, nicht bedrängend oder beengend wirken. Schwer anmutende Dächer, grelle Farben, mit Dekor überladene Klassenraumwände, enge Flurführungen usw. führen in aller Regel zum Eindruck eines unsympathischen Schulgebäudes. Nicht nur bestimmte Architekten und Farbgestalter sind für bedrängend wirkende Gestaltungen verantwortlich, sondern auch die Nutzer selber. So wurden beispielsweise von einem Kunstlehrer und Schülern auf eine kahle Beton-Treppenhauswand zur „Verschönerung" grelle Figuren gemalt, die farblich derart intensiv und aggressiv wirkten, dass sie nicht mehr freilassend anmuteten: Schon die nächste Schülergeneration drängte auf Entfernung der aufdringlich wirkenden Bilder. In vielen Schulen erzeugen schmale, lange und schlecht beleuchtete Flure ein bedrängendes Gefühl. Ähnliche Assoziationen rufen Bauten des auf *Abbildung 1* präsentierten Typs hervor: „Alle werden hier dem gleichen Schema unterworfen"; „Eingezwängt in immer gleiche Kabüffchen" usw. sind häufig gehörte Schüleräußerungen – d. h. trotz der Weitläufigkeit wirkt der Bau von seiner Fassadenansicht her eher bedrängend/beengend als freilassend. Konträr dazu werden Bauten der auf *Abbildung 2* gezeigten Art bewertet: Man vermutet mannigfaltige Ausblicke, das Dach wirkt locker und nicht drückend, die Schule scheint nach außen hin geöffnet und doch auch beschützend und bergend, man hat Gelegenheit, in angenehmer Naturumgebung die Pause zu verbringen – alles Attribute einer freilassenden Anmutung. – Das Kriterium der freilassenden Farb- und Raumgestaltung bezieht sich aber auch auf die *erlebte Beziehung zwischen den Bau-Elementen.* So wird beispielsweise ein Dach als drückend, ein Gebälk als schwerfällig im Hinblick auf darunter liegende Bauelemente erlebt. Oder Schüler und Lehrer haben beim Betrachten eines Flurs den Eindruck, dass sich dessen verschiedene und intensive Farbgebungen wechselseitig „totschlagen". Hier wird also ein *Gewaltverhältnis* im architektonischen Milieu wahrgenommen. Intensive und oft grelle, bunt zusammengesetzte Farbgebungen kommen übrigens gegenwärtig weltweit im Schulbau in Mode, widersprechen jedoch häufig dem Freiheitskriterium. Das gilt sowohl im Hinblick auf die suggestive Wirkung der Intensivfarben als auch mit Blick auf ihre aggressiv wirkende Zusammenstellung. Der Typ des farb- wie trostlosen Beton- und Plattenbaus, der in zahlreichen Ländern in den 1970er Jahren bevorzugt wurde, wird hier durch das Gegenextrem ersetzt.

3. Die Schulgebäude sollen Wärme und Weichheit statt Kälte und Härte ausstrahlen. Schulbauten sollen dem Göttinger Forschungsprojekt zufolge weder zu warm noch zu kühl wirken. Beide Extreme werden auch häufig als bedrängend erlebt (verletzen also das zweite Kriterium), wobei allerdings ältere Schülerinnen und Schüler eher zum Kühlepol, jüngere eher zum Wärmepol neigen. Auch werden in dieser Hinsicht z. B. naturwissenschaftliche Räume, in denen eine gewisse Kühle angebracht erscheint, anders bewertet als Klassenräume, in denen Wohnlichkeit, Freundlichkeit und moderate Wärme gesucht wird. Schulbauten sollten also in dieser Hinsicht sehr differenziert geplant und analysiert werden. – Der Eindruck einer angenehmen „Temperierung" wird unter anderem durch die *Baumaterialien und Farben* hervorgerufen: So mutet Naturholz zumeist wärmer als Glas und Stahl an, die Wandfarben Rot oder Gelb wirken eher warm, Blauweiß oder Grau eher kühl. Das gilt allerdings nicht für jeden architektonischen Zusammenhang: So ist z. B. der auf *Abbildung 1* dargestellte Entwurf im Original in einem rötlichen Ton gehalten, der traditionell als „warm" eingestuft wird, von befragten Studentinnen und Studenten jedoch an diesem Gebäude eher als kühl erlebt wurde – wie eine innerlich abweisende, aber sympathieheischend aufgeschminkte Gestalt. Zum Wärmeeindruck in einem Schulgebäude tragen auch Pflanzen und Vorhänge, Teppichböden und das Mobiliar bei – Gestaltungselemente, die in einem gut durchdachten Schulbau nicht zuletzt mit Blick auf das Wärmekriterium aufeinander abgestimmt werden sollten. Auch der Eindruck einer „lebendigen" oder „dynamischen" Raumgestaltung (*Abbildung 2*) korrespondiert häufig mit einer stärkeren Wärmeanmutung, während „starr" wirkende Gestaltungselemente (wie auf *Abbildung 1* gezeigt) eher Kälteanmutungen provozieren. – Das Kriterium der „Weichheit" bezieht sich auf den erlebten Dialog der Bau- und Farbelemente: So wirken beispielsweise Bauelemente und Farbgebungen, die beziehungslos nebeneinander stehen, eher „hart". „Weiche" Beziehungen können z. B. zwischen einer Säule und einer Decke durch verschiedene Kapitellformen, also durch architektonische Vermittlungsglieder, hergestellt werden; ein Klassentrakt kann in einen farblich anders gestalteten Flur über „Zwischenfarben" vermittelt werden, oder die Farbgestaltung des einen Traktes wird im Flur des anderen in einzelnen Säulenelementen und Geländergestaltungen nochmals wie ein „Nachklang" aufgenommen.

Wie schon angedeutet, bestand ein wichtiger Befund unserer Forschungen in dem Nachweis, dass Schulbauten (bzw. deren Details) *gestisch* bzw. *gebärdenhaft* erlebt werden – sie erscheinen beschwingt, traurig, brutal, geschwätzig, lebendig, erstarrt, verspielt, trostlos, gewalttätig, gesichts- und charakterlos, fragil, zudringlich, freilassend usw. In einem gewissen Sinn begegnen die verschiedenen Raumgestalten in Schulen, die Fassaden, Farbgebungen, Geländegestaltungen usw. Heranwachsenden als „Interaktionspartner", als z. B. bedrängende oder freilassende, düstere oder heitere Umgebungsfiguren. Diese erlebten Botschaften der Schularchitektur werden – wie die von Lehrkräften bewertet – wahrgenommen, in der Regel geschieht das allerdings unbewusst und macht sich in bestimmten (positiven oder negativen) Grundeinstellungen zur Schule, im atmosphärischen Empfinden der Baugestalt bemerkbar. So führen beispielsweise brutal, gesichtslos, abstoßend, hektisch oder ausdruckslos wirkende Bau- und Farbelemente zu antipathischen Grundstimmungen. Das kann verständlich machen, warum in positiv bewerteten Schulgebäuden –

US-amerikanischen Untersuchungen zufolge – bessere Lernleistungen erzielt werden oder dass sich in solchen Bauten seltener vandalistische Aktivitäten der Schülerinnen und Schüler zeigen, ich komme gleich darauf zurück. Natürlich sind derartige Effekte nicht allein auf die *architektonischen* Bedingungen (einschließlich der Farbgebung und des Dekors) zurückzuführen. Die Koblenzer Architekturpsychologin Rotraut Walden hat gemeinsam mit ihren Mitarbeiterinnen ein breitgefächertes Raster zur Analyse jener Qualitätsmerkmale entwickelt, durch die „Schulen der Zukunft" gekennzeichnet sind: Dazu gehören auch *technische* Aspekte wie die Licht-, Schall- und Luftqualität sowie die Qualität des Mensaessens oder die Güte der Bau- und Dekormaterialien (Walden/Borrelbach 2002; Walden 2008). Die – wie man sagen könnte – *ästhetische* Gestaltung der Gebäude spielt dabei jedoch eine maßgebende Rolle. Über die in unseren Forschungen ermittelten drei Qualitätskriterien hinaus sind jedoch beim Schulbau weitere Gesichtspunkte psychologischer, soziologischer und anthropologischer Art beachtenswert. Wie wichtig es ist, solche Einsichten der erziehungswissenschaftlichen und psychologischen Forschung zu beachten, soll ein kurzer Forschungsüberblick darlegen. Denn es geht ja nicht allein darum, dass die Schulgebäude Heranwachsenden gefallen, sondern auch um die wichtige Frage, wie sich sympathisch oder antipathisch erlebte Schulbauformen *auf diese Nutzerinnen und Nutzer auswirken.*

2.4 Wie wirkt die Schularchitektur auf Schülerinnen und Schüler? Ein Einblick in Ergebnisse der internationalen Schulbauforschung

In den letzten Jahren sind zahlreiche empirische Studien erschienen, die der Wirkung konkreter Gestaltungselemente in Schulen genauer nachgehen. Eine umfangreiche internationale Forschungsliteratur lässt inzwischen den Schluss zu, dass Schulbauten erhebliche Auswirkungen auf das Lernverhalten, auf die Aggressionsbereitschaft und auf die Krankheitsanfälligkeit Heranwachsender haben. Aus Platzgründen sollten hier nur einige Beispiele genannt werden, ohne die jeweilige Referenzliteratur. Diese ist dokumentiert in Rittelmeyer (2013: 53–76).

Das leider auf die angelsächsische Fachliteratur begrenzte und schon erwähnte Sammelreferat des Design-Council London über bisherige Forschungen zum Thema kommt zu dem Schluss, dass insbesondere die Farbgebung und Lichtführung in Schulen, die Luftqualität und Schallqualität, die Möblierung und das Nahrungsangebot erhebliche Auswirkungen auf Stimmungen, Lernleistungen und Wohlbefinden der Schülerinnen und Schüler haben. Zu ähnlichen Ergebnissen gelangt ein Forschungsüberblick von Glenn I. Earthman, der auf dieser Grundlage Empfehlungen für die Gestaltung von Schulbauten entwickelt. Auch eine im „School Design and Planning Laboratory" der Universität Georgia (USA) durchgeführte Forschungsarbeit macht Auswirkungen dieser Art deutlich. Untersuchungen in Deutschland und in den USA haben gezeigt, dass positiv erlebte Schulumgebungen (Architektur, Farbgebung, Schulhofgestaltung, Dekor usw.) mit geringeren schulvandalistischen Aktivitäten der Schüler assoziiert sind.

Einige Studien belegen, dass positiv erlebte Schulbau-Umgebungen (z. B. mit Fenstern versehene statt fensterlose Klassenzimmer oder „warme" Beleuchtung statt Neonlicht) die Krankheitsrate der Schüler senken; analoge Untersuchungen aus Krankenhäusern weisen ähnliche Effekte auf. Meine eigenen Untersuchungen haben gezeigt, dass die Schularchitektur ausgeprägte *körperliche* Auswirkungen hat: Je nach Formen und Farben werden Spannungs- und Entspannungsgefühle, Gefäßdurchblutung, Blickbewegungen und andere physiologische Parameter in einer jeweils besonderen Weise provoziert; diese leibliche Komponente der Architekturwirkung macht erst verständlich, warum z. B. Schulvandalismus, Krankheitsanfälligkeit oder Antipathien durch bestimmte Schulbauformen hervorgerufen bzw. vermindert werden.

Untersuchungen in den USA von Glenn Earthman konnten verdeutlichen, dass die Schulleistungen in fast allen Fächern verbessert werden können durch ein architektonisches Umfeld, das Kindern und Jugendlichen *sympathisch* ist; werden Schulgebäude *antipathisch* erlebt, verschlechtern sich im statistischen Schnitt auch die Schulleistungen. Studien dieser Art sind mit ähnlichen Ergebnissen auch an zahlreichen Einzelschulen der USA durchgeführt worden. Im Hinblick auf das Kriterium des Anregungsreichtums dürfte der Befund interessant sein, dass in der Form- und Farbgebung sowie hinsichtlich der Möblierung und des Dekors *interessant wirkende Klassenraumgestaltungen* Schülerinnen und Schüler offensichtlich dazu animieren, solche Räume häufiger während des Unterrichts visuell zu explorieren. Das regt seinerseits auch das eigene Lernverhalten an, weil das Interieur offenbar geistig belebend wirkt. Diese visuellen Wanderungen, die angenehm berühren, wirken offenbar wie ein Spaziergang, der am Schreibtisch „festgefahrene" Gedanken wieder in Bewegung bringt.

Auch technische Eigenschaften wie z. B. thermischer Komfort (nicht zu heiß im Sommer, angenehme, nicht zu trockene Raumluft im Winter) und vor allem eine gute, blendfreie Belichtung in den Klassenräumen führen zu erhöhter Leistungsbereitschaft sowohl der Schülerinnen und Schüler als auch des Lehrpersonals. Mitte der 1990er Jahre rief die amerikanische Industriedesignerin Ruth Lande Shuman in New York das Schulgestaltungs-Programm „Publicolor" ins Leben. „Gefängnisartige" Schulgebäude mit „industriellem, feindseligem Aussehen" wurden (unter Schülerbeteiligung) mit lichteren Farbqualitäten „aufgehellt" und abwechslungsreicher gestaltet: Die Folgen waren, wie das Schulpersonal berichtete, eine niedrigere Dropout-Rate der Schülerinnen und Schüler, geringere Disziplin-Probleme und eine deutlich gesteigerte Aufmerksamkeit im Unterricht. Zwar handelt es sich hier nicht um wissenschaftliche Untersuchungen, sondern um freie Berichte des Lehrpersonals, die jedoch Bestätigung durch weitere, nunmehr wissenschaftliche Studien zur Wirkung von Farben in Schulgebäuden erfahren. Diese farbpsychologischen Studien zeigten unter anderem, dass düstere Farben oder schlechte Lichtverhältnisse bei vielen Schülerinnen und Schülern wie auch beim Lehrpersonal zu einer – wenn auch schwachen – „depressiven" Grundstimmung führen können, die sich wiederum auf das Lern- und Lehrklima auswirkt.

Es kann also kein Zweifel daran bestehen, dass die Gestaltung von Schulgebäuden von erheblicher Bedeutung für die Leistungsfähigkeit, für das Wohlbefinden und die Gesundheit Heranwachsender ist. Den Bauformen und Farben der Schulanlagen, dem Dekor und der Schulhofgestaltung muss daher die gleiche Aufmerksamkeit geschenkt werden wie der Qualität der Lehre und den Lehrplänen. Die neuere erziehungswissenschaftliche Schulbau-Theorie sieht in einer auch unter pädagogischen Gesichtspunkten gestalteten Schullandschaft ausdrücklich einen wesentlichen Bestandteil der Qualitätssicherung in Schulen (Wigger/Meder 2002). Damit diese gelingen kann, sollten in Zukunft bei der Planung von Schulgebäuden mindestens diese Voraussetzungen erfüllt sein: Zunächst einmal ist es wichtig, dass die Nutzer (in einer sinnvollen Weise) in die Planungen von Schulbauten einbezogen werden – das wird inzwischen von einigen Architekturbüros versucht. Es gilt, eine gemeinsame Sprache zu finden, denn Nutzer wie Planer reden häufig aneinander vorbei. Zweitens sollten bei Wettbewerben die Jurymitglieder nicht nur aus Architekten und Vertretern der Bauadministration bestehen, sondern auch aus fachkundigen Pädagoginnen und Pädagogen. Drittens wird es in Zukunft wichtig sein, Schulgebäude einer Qualitätskontrolle zu unterziehen, etwa in Form der Post Occupancy Evaluation, also einer Befragung der mit dem Gebäude vertrauten Nutzer: Dann werden sich lernförderliche und -behindernde Bautypen bald deutlicher unterscheiden lassen. Viertens wäre es wichtig, dass auch von Seiten des Lehrpersonals eine bildungstheoretische Reflexion daraufhin unternommen wird, auf welche Gestalt der gebauten „Bildungslandschaften" es mit Blick auf zentrale Ideen der modernen Pädagogik ankommt: etwa die Idee allseitiger statt spezialisierter Bildung (was unter anderem für eine vielseitige „Sinneslandschaft" spricht), der Erziehung durch Ermutigung statt durch Bedrohung (vgl. die Reaktionen auf die *Abbildungen 1* und *2*) und der Beachtung von Entwicklungsbedürfnissen Heranwachsender – z. B. in der Gestaltung von Klassenzimmern. Und schließlich: Es müssen endlich auch von den Bauplanern die Ergebnisse der internationalen Schulbauforschung zur Kenntnis genommen und in den Baukonzeptionen berücksichtigt werden.

Literatur

Blundell Jones, P./Hübner, P. (2007): Bauen als sozialer Prozess. Building as a social process. Stuttgart: Krämer.

Dreier, A./Kucharz, D./Ramseger, J./Sörensen, B. (1999): Grundschulen planen, bauen, neu gestalten. Empfehlungen für kindgerechte Lernumwelten. Frankfurt/M.: Grundschulverband.

Flade, A. (2008): Architektur psychologisch betrachtet. Göttingen/Bern: Huber.

Hammerer, F./Renner, C. (2006): Ein pädagogisches Konzept durch pädagogische Gestaltung unterstützen. Freude am Lernen in sicherer Umgebung. Die finnische Grundschule Karonen Koulu. In: Erziehung und Unterricht 1–2, S. 150–170.

Higgins, S./Hall, E./Wall, K./Woolner, P./McCaughey, C. (2005): The Impact of School Environments: A Literature Review. University of Newcastle (England). Herausgegeben vom Design Council, 34 Bow Street, London, WC2E 7 TDL, Großbritannien.

Hübner, P. (2005): Kinder bauen ihre Schule. Stuttgart: Krämer.

Jacobsen, Th./Miesler, L./Riesel, A./Schönheit, A. (2008): Evaluation of School Architecture Postoccupancy. In: Psychological Reports 102, pp. 847–854.

Rittelmeyer, Chr. (1987): Bedeutungsfelder der Schulbau-Architektur. In: Psychologie in Erziehung und Unterricht, 34, S. 171–177.

Rittelmeyer, Chr. (1994): Schulbauten positiv gestalten. Wie Schüler Farben und Formen erleben. Wiesbaden: Bauverlag.

Rittelmeyer, Chr. (2004): Zur Rhetorik von Schulbauten. In: Die Deutsche Schule 96, S. 201–208.

Rittelmeyer, Chr. (2010): Erziehungswissenschaftliche Erkenntnisse zur Gestaltung von Schulbauten. In: Schulamt der Stadt Zürich (Hrsg.): Gestaltung von Schulbauten. Zürich, S. 10–19.

Rittelmeyer, Chr. (2013): Einführung in die Gestaltung von Schulbauten. Frammersbach: Verlag Farbe und Gesundheit.

Schönig, W./Schmidtlein-Mauderer, Chr. (Hrsg.) (2013): Gestalten des Schulraums. Neue Kulturen des Lernens und Lebens. Bern: hep.

Schulamt der Stadt Zürich (Hrsg.): Gestaltung von Schulbauten. Zürich, https://www.stadt-zuerich.ch/content/dam/stzh/ssd/Deutsch/Volksschule/dokumente/stadtzuercher_volksschule/schulraumplanung/Diskussionsbeitrag_Gestaltung_Schulbauten.pdf [Zugriff am: 11.10.2015].

Senatsverwaltung für Bau- und Wohnungswesen Berlin (Hrsg.) (1999): Schulen für Berlin. Projekte der 90er Jahre. Berlin: Senatsverwaltung.

Walden, R. (2008): Architekturpsychologie: Schule, Hochschule und Bürogebäude der Zukunft. Lengerich: Pabst.

Walden, R./Borrelbach, S. (2002): Schulen der Zukunft. Heidelberg: Asanger, 5. Auflage.

Watschinger, J./Kühebacher, J. (Hrsg.) (2007): Schularchitektur und neue Lernkultur. Bern 2007: hep.

Wigger, L./Meder, N. (Hrsg.) (2002): Raum und Räumlichkeit in der Pädagogik. Bielefeld: Janus.

3 School Buildings and Classroom Environments in Iceland

Anna Kristín Sigurðardóttir and Torfi Hjartarson

Kurzfassung

In diesem Kapitel wird die Entwicklung von Schuldesign im Zusammenhang mit der Bildungspolitik, den Lehrmethoden und den Ansprüchen der Mitarbeiter an die gebaute Umgebung, basierend auf einer aktuellen Studie zu Schulgebäuden in Island, beschrieben und analysiert. Das Ziel ist zunächst, einige Schlüsselelemente der modernen Schulhausgestaltung in Island zu identifizieren und im Anschluss daran zu prüfen, ob Gislasons (2010) Modell zum Zusammenwirken von Schulumgebung und Schulerfolg hier zutrifft oder ob noch andere Aspekte berücksichtigt werden müssen.

Abstract

In this chapter the development of school design is described and reviewed in relation with educational policy, teaching methods and attitudes of staff towards their physical environment based on a recent study of school buildings in Iceland. The aims are firstly to shed light on some key design features that characterize recent school buildings in Iceland and secondly to analyse if and how some of the issues laid out in Gislason's (2010) model might be aligned or not aligned with physical design.

3.1 Introduction

Interest among educational researchers in the relation between architectonic spaces and educational practice has been growing over the last few years. Our knowledge, on if and how space and school design might define practice in everyday school life, remains full of gaps, but recent studies suggest that the physical learning environment may indeed affect social relations, personal development and academic achievement in a number of ways. Relatively strong evidences suggest a positive relationship between student learning and physical elements, such as the quality of air, temperature, or noise, while other findings, relating learning to factors such as colours and lighting, are less profound (Blackmore et al. 2011; Higgins et al. 2005; Roberts 2009; Tanner 2008).

There is, however, consensus in the literature about the notion, that educational practice is not influenced by any single factor, but rather by a complex interaction between different components (Barrett et al. 2013; Blackmore et al. 2011; Gislason 2010; OECD 2013; Tse et al. 2014). Gislason's (2010, 2015) conceptual model attempts to throw some light on this complexity by pinpointing school architecture or the physical space, teaching organisation, staff culture and student milieu as key elements logically aligned or unaligned with one another. This means that the organisation of teaching in any given school should reflect cultural values and assumptions among school staff members and optimally be congruent with physical design. Innovative school design, consequently, will only promote intended educational change when all these components of school development fall into place or support one another.

3.2　Background

School buildings, in general, have been influenced by the different social and educational needs of their era (Dudek 2000; Cuban 2004; Guttormsson 2008), but are as a rule meant to last for a long time. The flexibility to adapt to social and educational change is therefore essential and of a growing importance (OECD/Defs 2006). This has been met in part by involving a greater number of stakeholders in the design process of school buildings at preparatory stages and aiming towards a more democratic school practice. In Iceland, an emphasis on a more democratic and inclusive school has been apparent in educational policies over the last few decades, revitalised and manifested of late in a policy striving for individualised learning. The municipality of Reykjavík took up this banner around the new millennium and lead the way for others to follow (Sigurðardóttir 2007). The policy was supposed to have consequences for all aspects of schooling, including the learning environment as a whole. New school buildings being built at that time were designed to offer flexible spaces for different activities and group sizes (Fasteignastofa Reykjavíkur & Fræðslumiðstöð Reykjavíkur 2004), and a participatory design process (Jilk 2005) in collaboration with a broad group of stakeholders was carried out in a number of cases to prepare innovative school buildings suited for the 21st century (Óskarsdóttir 2001; Svanbjörnsdóttir, Macdonald & Frímannsson 2010).

To support the implementation of individualised learning, The Reykjavik City Department of Education (2005) developed a measurement tool made to evaluate on a rubric type scale to what extent the policy of individualised learning had been implemented at a given school. School practice aligned with individualised or flexible and student-centred learning based upon a constructivist approach to education (as discussed in Land, Hannafin & Oliver 2012) are, according to the tool, characterized by features such as the following:

■　Two or more teachers are responsible for a relatively large group of students extended across grade levels.

- All students make their own individual study plans together with teachers and parents defining a set of goals for a given study period.
- Learning is organized around interdisciplinary themes.
- Students are responsible for their learning and have opportunities to choose between a number of subjects, assignments and learning methods.
- Students work independently, alone and in groups, collect information, evaluate, analyse and present their results in various forms.
- Students participate in planning the work of the school as a whole.

One of six main strands that the tool was meant to measure is the physical learning environment. Variety, flexibility and open learning spaces are assumed to afford individualised or student-centred practice, while closed, traditional classrooms are not. The whole school, accordingly, should be divided into different workstations and open spaces for multiple uses, with the work of students made visible all over the school building. New technologies, according to the measurement tool, should play an important role in these progressive settings, allowing for a centrally located information centre with the aim of providing students and teachers alike with an array of information resources and technologies.

3.3   Method

The discussion here is based on an extensive study in the beginning of the 21st century outlining educational practice in Icelandic primary and lower secondary schools attended by students aged 6–15. The main results were published in a book (Óskarsdóttir 2014), with one of twelve chapters focusing on school buildings and school design (Sigurðardóttir 2014) and another on the application of information technology (Jakobsdóttir, Hjartarson & Þórhallsdóttir). Multiple methods were used to collect data from twenty schools in four municipalities. Seventeen schools were chosen randomly and three purposefully due to their claimed emphasis on individualised learning. Classroom observations were conducted in grades 1–10 (age levels 6–15; n=383 lessons) and the physical layout of each school building observed. Collected data included photographs and open descriptions of the environment and lesson procedures. Electronic questionnaires were conducted among school staff (n=823), where the teaching staff members (n=582) responded to statements about their views regarding different aspects of their practice. Interviews were also made with student focus groups, teachers and school leaders.

3.4 Schools in the 21st century – some design features of new school buildings

Results of our recent study of school buildings at twenty school sites in four Icelandic municipalities (Sigurðardóttir & Hjartarson 2011), within the extended research project related above, indicate a shift in design of educational buildings towards a more open environment, transparency, flow and flexibility. Clusters of classrooms and open learning spaces seem to have replaced a more traditional design of conventional classrooms in rows along straight corridors.

Most of the school buildings from our sample of 20 schools fall into three categories of design mentioned above and illustrated in figures 1–3. A traditional classroom setting would typically be made up of conventional classrooms of a similar size, 40–60 m², aligned along a corridor. A corridor with confined classrooms, occasionally on both sides, was the most common design feature or setup detected. This was the dominating norm in six buildings out of 20 in our sample and characteristic in part at seven more sites. This setup was found as expected in older schools, but also in some of the more recent buildings, the most recent one built in 1997. One supplementary building in this fashion was built as late as 2003 and three others in 1999 in connection with other parts, such as a central hall, were built at the same time. Some of the walls in one of these supplementary buildings were later broken down to create open plan spaces.

Classroom clusters were found in seven school buildings from our sample of 20 schools. Clusters were the dominant design feature in two of these buildings, built in 2000 and 2011, while the other five, were only partly based on clusters built between 1977 and 1988. Such a cluster would typically include two or more classrooms and a central space, one or more break out rooms, a space assigned to students with special needs, and sometimes a room for a team of teachers, foldable walls or exceptionally wide doors to allow for more flow between spaces.

Open plan learning spaces were the predominant design feature at three schools built after 2004 and included in our sample, and three more schools from the sample had recently been extended with supplementary buildings in this fashion. Two schools built in a conventional fashion many years back had been altered by breaking down walls between two or more traditional spaces, while one of the open plan schools had put up a couple of walls to break up an open plan classroom at the lower secondary age level. One school had been built as an open plan school in the early seventies. A supplementary building, however, had been built decades later, with closed classrooms lined up in the traditional way.

The strategic location and layout of halls, hallways, special subjects, computer labs, school libraries or facilities for administration and staff at each school are important design factors to consider, though not related here. It should also be noted, that some of the schools in the sample, obviously represent more than one of the three design patterns related above, and a few have gradually become very complex constructs over time, after a number of revisions and supplementary building projects.

3.5   Classroom arrangements – traditional settings, clusters and open spaces

We will now take a closer look at classrooms in the 20 schools in our research sample. Observed lessons in the study were categorised into four groups based on classroom layouts and teaching arrangements as follows:

- Traditional classrooms, all of a similar size, most often with around 20–27 students, one teacher and occasionally one assistant in each room.
- Open plan classrooms, most often considerably larger than conventional classrooms, with some 35–80 students, sometimes mixed groups across age levels, often divided into smaller groups and managed by a team of teachers sharing responsibility.
- Traditional classrooms, often with adjoining rooms, halls or corridor spaces, large and small, often used for individual work, student collaboration, team-teaching and shared responsibility. Different locations or setup options in the building would be used to carry out group divisions and student work.
- Other environments or not applicable for categorisation. In these cases the lessons could be outdoors, in the gym or other places in or outside the building.

The traditional classroom setup with one teacher in one conventionally sized room was the most common arrangement, prevailing in 60% of all observed lessons (table 1), 75% of all observed lessons in grades 8–10, and 49% of all lessons in grades 1–4. This setup has been the norm in many countries for some centuries now and is often coined or referred to as the model of "cells and bells" (Nair, Fielding & Lackney 2009). Open plan classrooms, on the other hand, were first introduced in Iceland in the seventies and eighties, some thirty years back and have only become relatively common of late. In our study, they were evident in 19% of the observed lessons, most often in the youngest grades (27%). In some cases the school building had been designed as an open plan school, while in other cases walls had been removed to merge two or more conventional spaces. In 12% of the observed lessons, the teachers had decided to collaborate and share responsibilities by organising team teaching in spite of confined spaces in their physical environment. Arrangements of that kind could not be related to student age levels (table 1), and were found in both traditional classroom settings and settings featuring classroom clusters.

Table 1: Proportion of observed lessons at each grade level by classroom arrangements.

	n	One teacher – one classroom	Team teaching in open plan classrooms	Team teaching in traditional classrooms	Other arrangements
Grades 1–4	162	49	27	13	11
Grades 5–7	122	61	18	14	7
Grades 8–10	99	75	8	10	7

(Sigurðardóttir 2014: 66)

Team teaching was evident in about one third of the observed lessons, either in open plan classrooms or more traditional classrooms with teachers sharing the responsibility for a group of students. Figure 4 reveals, however, that the rate differs with age levels. At the lower secondary level (grades 8–10) the traditional setting of "one teacher – one classroom" was found to be the prevailing norm, with the large majority of observed lessons taking place in such a setup, while the same arrangement proved less frequent in the lower grades.

In school buildings with traditional classrooms or classroom clusters it would often be possible to open doors or fold up walls between two or even more classrooms. This of course, was meant to allow for greater flexibility in the division of groups, arrangement for individual work and teacher collaboration. Options of this kind were found in 92 out of a total of nearly 300 lessons registered as taking place in a traditional classroom setting. Interestingly, however, teachers only made use of these design features in a total of 24 lessons, or 26% of the 92 lessons were such options were available, usually at the lowest age level.

The most common arrangement was to have all students seated individually in rows and facing the same wall. This was the case in over 40% of all lessons observed, or almost 70% of all lessons at the lower secondary level, grades 8–10, and 27% at the lowest age level, grades 1–4 (table 2). This was most common in traditional school buildings or buildings designed with classroom clusters, while mixed table arrangements or group setups were predominant in open plan schools.

Table 2: Arrangement of tables in classrooms by age levels.

	n	Individual tables, every-one facing the blackboard	Tables arranged in groups	Tables arranged in U	Mixed arrangements
Grades 1–4	167	27	34	8	31
Grades 5–7	122	38	33	11	18
Grades 8–9	98	69	17	3	10

(Sigurðardóttir 2014: 69)

It should be noted that tables arranged in groups did not necessarily mean that group-work or student collaboration would be detected in lessons observed (Sigurðardóttir & Óskarsdóttir 2012). Student collaboration was only found in 40 out of 114 lessons where tables were arranged in this way.

Traditional classroom arrangements, according to the research literature cited in this chapter, are hardly considered likely to promote or support student centred and individualised learning (Blackmore et al. 2011; Eiken 2011). The physical arrangement of the open plan classroom, however, as observed in our study, was generally consistent with common descriptions in the literature of a classroom encouraging cooperative and individualised learning (Eiken 2011; Land et al. 2012). It remains, however, to decide whether educational practice is really affected by the physical conditions of classroom arrangements and school design.

3.6 Organisation and methods of teaching

The physical arrangement of a school building or a classroom, as suggested by Gislason (2010) and related above, has to go hand in hand with a number of key elements for educational practice to be maintained as intended. The organisation of teaching is one such element and in our study we found examples where teaching and learning were clearly affected by the physical conditions or where physical conditions had been adapted or changed to meet organisational demands. There were examples where teachers had not grown accustomed to open plan classrooms and walls had been built to make open spaces more suitable for subject based teaching. There were also examples where walls had been broken down between conventional classrooms to allow for more flexibility and team teaching, sometimes across grades. In a newly built open plan school, with five extensive open plan learning areas of up to 100 students, the staff had had to revise their ways of working and adapt to new conditions in their physical environment. The school principal describes (Sigurðardóttir 2014, p. 67) the general landscape thus:

> Well, the rough picture might be that the first grade [...] is taught separately. The whole grade stays together, maybe 40–50 children. And there are two supervising teachers sharing a single open area ... they work out their plan together and divide [students] into groups within that grade. Then there are grades 2 and 3, they are taught together; there are about 100 children in that area. There we divide the cohort into what we call two twos ... And in each of the twos there are two supervising teachers responsible for about 20 to 25 students. But the infrastructure for each two is identical, you will have two twos residing in an extensive area and between them an open space, also used for teaching. And within that area there is a certain roundabout, they ... may move in small groups to attend arts and crafts, they work according to a plan. So the whole organisation is worked out in cooperation, this big group is on a certain roulette together.

Team teaching and project based work across disciplines and grades were predominant features when it came to teaching methods and organisation of learning in this newly built school, particularly at the primary level, spanning grades 1–7. Teachers of older students at the same school, however, at the lower secondary level, spanning grades 8–10, proved more subject oriented in their approach and seemed more inclined to divide students into subgroups by subjects and age. They consequently found the physical space inappropriate and had had some walls put up to divide their open plan classroom spaces into smaller and more confined areas for teaching and learning. Our findings at this particular school thus seem to support Gislason's (2010) notion about the need for alignment between organisation and the physical environment.

Teachers at all twenty schools in our sample responded to a list of different teaching methods and were asked to estimate how often they used each method. They also reported whether they taught in conventional classrooms or open plan spaces. They great majority (66%), as expected, claimed to work in a traditional setting most of the time, while some 18% of the respondents taught in open plan classrooms, exclusively or most of the time. This allowed us to compare teaching methods among teachers in two vastly different types of physical conditions. Table 3 illustrates proportionally how often each group of teachers claimed to use different teaching methods.

Direct instruction, with or without discussions and questions was the most common method in both conventional and open plan classrooms. One-way instruction with no discussions involved, however, individual work and discussions followed by reading a textbook, were clearly more common in traditional classrooms than in open plan settings, while teachers claiming to teach in open plan classrooms most of the time seemed more inclined than teachers in conventional classrooms to apply group work, drama, music, physical movement and games.

Table 3: Percentage of teachers claiming they use different teaching methods daily, by traditional classrooms (n=336–353) and open plan classrooms (n=86–94).

	Traditional classrooms	Open plan classrooms
Direct instruction involving discussions and questions	75	70
Direct instruction (one-way)	66	47
Worksheets (individual seat work)	50	34
Reading in textbooks and classroom discussions	27	14
Group-work, collaborative work	22	34
Different written assignments (individual seat work)	20	10
Experiments and hands on tasks	14	11
Drama, music, physical movement	8	12
Learning games/play	4	8
Project based work (in groups or individual)	2	2

(Based on Óskarsdóttir 2014)

Observations also threw some light on relations between the physical environment and organisation of learning. Researchers estimated the number of minutes that each teaching method was in use in the run of observed lessons. Direct instruction turned out to be the most common method in all types of classrooms. In fact, it appeared to be a dominant method in many lessons taught in traditional classrooms, used more or less throughout an entire lesson of 40–80 minutes, while in open classrooms it would normally be used for a shorter period, most often for approximately 10 minutes at the beginning of a lesson before students moved on to other tasks. Different project based work also turned out to be more common in open plan classrooms than in traditional classrooms.

3.7   School culture among staff members and attitudes towards the school building

The components chosen here to define and represent school culture among staff members are professional collaboration, open and critical professional dialogue, positive school ethos and democratic leadership. In addition we will also be looking at attitudes of staff towards the school building at each site. All these components will be viewed in light of different working conditions in terms of classroom spaces and their general layout.

Fig. 2: Proportions of teachers who claimed they worked daily or many times per day with colleagues on different tasks (n=455–473).

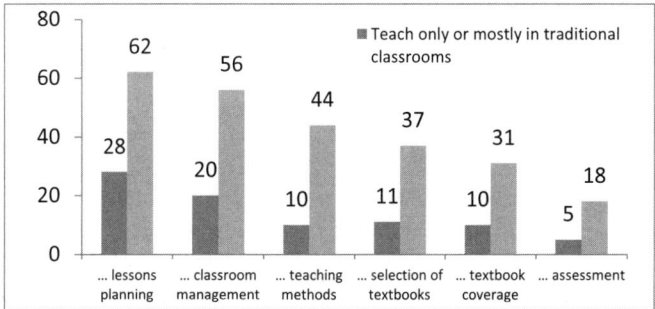

(Based on Óskarsdóttir 2014)

As would be expected, the majority of teachers teaching exclusively or most of the time in open plan classrooms claimed to be teaching alongside a colleague on a daily bases (85%), while only 5% of those teaching in traditional classrooms claimed to have another teacher at their side. Teachers were also asked to state on a seven point scale, how often or rarely they collaborated with their colleagues on different tasks related to their practice. Figure 2 illustrates the results regarding those who claimed to collaborate with colleagues on a daily bases or many times per day.

Figure 2 appears to reveal quite clearly that teachers, who always or most of the time taught in open plan classrooms, also collaborated much more often with their colleagues. The results are clear for all items accounted for by our definition of direct collaboration with colleagues. A total of 62% of those working in open plan classrooms claimed to have worked daily with colleagues when planning lessons and 56% had conferred with their colleagues daily about classroom management. The respective proportion of those working in traditional classrooms was much lower.

Table 4: Evaluation of the professional dialogue and school ethos among staff on school issues. Percentage of those who were totally or very much in agreement with statements shown to the left.

		n	Totally or very agree %
There are open discussions about different issues concerning the school	traditional	333	34
	open	82	55
There are critical and objective discussions among staff	traditional	336	30
	open	84	48
There is a positive school ethos among staff	traditional	345	61
	open	85	73
I participate in decision making on school's issues	traditional	328	29
	open	82	44

(Based on Óskarsdóttir 2014)

As illustrated in table 4, there proved to be considerable differences in the professional dialogue between teachers in open and traditional settings. Teachers who work exclusively or most of their time in open plan classrooms were more likely to find the professional dialogue among staff members about school issues critical, objective and open than those working in traditional classrooms. They were also more likely to look upon school ethos at their respective institutes as being positive and felt more involved in decision making at school level.

Considerable differences, were found between schools regarding the satisfaction of staff with their respective school buildings or school facilities as a whole at each site. At two schools, practically everyone claimed to be rather satisfied or very satisfied with their school building, while at the other end of the scale we found one school among twenty where only 40% of staff members showed the same level of satisfaction with their building. The reasons behind these differences in satisfaction and dissatisfaction are unclear but a lack of maintenance might be a strong explanatory factor where general dissatisfaction was considered evident. The three schools, where satisfaction with the school building as a whole was most evident, were not among schools most recently designed and built, but they were all carefully maintained. The buildings were quite roomy for two of these schools, but the same notion did not apply to the third one. All three school buildings would neither be considered open plan nor traditional constructs, by definitions presented above. One of them was a mixture of classroom clusters and open spaces between classrooms with cohorts taught by two teachers. The other two, however, were representative of a school design based on classroom clusters. Strong emphasis was placed on cooperation between teachers in all three schools. Similar characteristics, however, were found in a few other schools in the sample, making it hard to pinpoint any definite explanations for staff satisfaction with a school building as a whole.

Out of the five schools where the staff expressed the most general dissatisfaction with a school building, two were in temporary housing or unsuitable buildings about to be abandoned. Both schools have now moved into a new building. Two other schools out of these five were of a traditional design with long corridors and had not been updated or extended in recent years. The fifth school, however, was in a recent building characterized by open spaces, with a little less than 40% of the respondents fairly, very or totally dissatisfied with the building.

The data seems to indicate, if only in an obscure way, that teachers might be more satisfied with schools buildings based on classroom clusters rather than open plan or traditional classrooms, but results regarding staff satisfaction with school buildings or facilities as a whole are obviously somewhat ambiguous. Apparently the maintenance of a building or rather the lack of it, might be the one of the fundamental reasons for dissatisfaction with at least some of the buildings and other factors outside the scope of the study could also be of importance in this respect.

In the hope of getting a glimpse of future trends in school development, or at least an idea about the preferences of teachers, if they were to decide upon or influence the design and layout of a school building, they were asked how the physical environment in their classroom and in their school building as a whole suited their most preferred teaching methods. In the questionnaire, they were asked to choose between several possible answers and invited to explain their choice by adding a short comment.

In general, the teachers appeared to find their physical work environment well suited for their preferred teaching methods (figure 3). Almost 40% of the teachers maintained that their classroom environment was totally or very well suited for their preferred methods and another 40% maintained that their environment fitted their preferred methods rather well. No differences were measured between those who taught exclusively or most of the time in open space classrooms and those who were used to working in traditional settings. These findings, furthermore, did not depend upon age, no difference in this respect was found between different generations in the group of respondents.

A number of teachers maintained that the classroom (13%) and school environment (8%) was poorly suited to support their preferred teaching methods, but the data, did not provide any reasons that might explain their standpoint. As expected, a positive relationship (Spearman r) was measured between the satisfaction of teachers with their environment and how well or poorly they felt it suited their preferred teaching methods. This applied to both the classroom environment ($r_s(484)=0.39$, $p<0,01$) and the building as whole ($r_s(473)=0.49$, $p<0,01$).

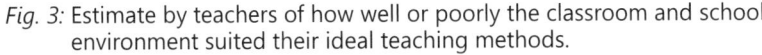

Fig. 3: Estimate by teachers of how well or poorly the classroom and school environment suited their ideal teaching methods.

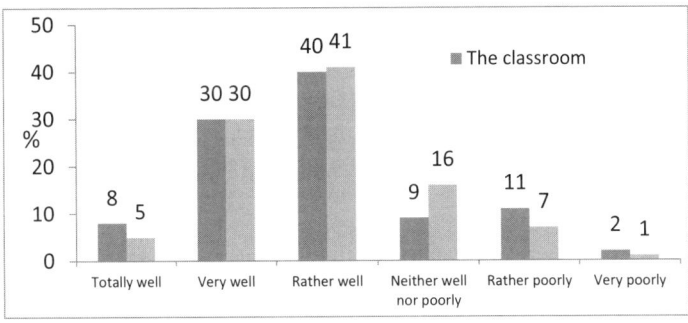

(Sigurðardóttir & Hjartarson, 2011: 37)

Teachers were invited to explain in an open ended written statement what in the classroom environment would best support their ideal teaching style or methods. A total of 267 teachers responded. We have divided their comments into two categories; items related to space and furniture; and items rooted in technology (table 5).

Table 5. Items that teachers believed to be supportive for their ideal teaching methods. Categorised responses from 267 teachers.

Space and furniture (171)	Number of responses	Technology (86)	Number of responses
A spacious classroom	73	A digital projector	51
Additional space, a small room, an applicable hallway or a central hall	20	A blackboard	21
An open plan classroom	12	A computer	23
A homebase in the classroom	11	A well-equipped classroom	14
The possibility of opening up doors or walls between class-rooms	8	Technology at hand	8
A traditional classroom	6		
Flexibility (mentioned in relation with some of the above)	34		

(Source: Sigurðardóttir 2014: 75)

Most of the teachers, who answered this question, appeared to find a spacious classroom supportive and many mentioned that they valued or would like to have some extra space adjoining their classroom, such as a small break out room for group work or a centrally located and open area in a hall or a hallway. Twelve respondents mentioned the open plan classroom as an asset, while eight other respondents prioritized a traditional classroom, closed within four walls, to support their preferred teaching methods. Many of the teachers, 34 in all, mentioned flexibility in relation to some of the items related above. One teacher wrote: "The space is very large and open, which I like, it is easy to have an overview and work with large groups. It is also suitable for team teaching." Another teacher wrote this comment about an open plan space: "It is easy to break up and arrange groups of different sizes."

More space and increased flexibility was also what stood out when teachers were asked what would need to be different in their classroom for them to make improvements in teaching easier to achieve. A total of 51 teachers, that is, some 19% of those who wrote a comment, responded by mentioning a digital projector. This was not surprising in view of another finding from our research project: about one half of the entire teaching population at all twenty schools did not have a projector to make use of at their most frequent teaching location (Jakobsdóttir, Hjartarson & Þórhallsdóttir 2014). The following are examples of how teacher responded to this particular question: "A large blackboard that serves for messages and communication with students." Another wrote: "A projector and a computer, I use a lot of media support, including slides and documents to screen." The third one wrote: "I would not be able to teach without a projector." The teachers appeared to appreciate or aspire after a furnished and spacious classroom, with applicable tools and a bounty of resources at their disposal.

3.8 Conclusion

We have related how our study of 20 school buildings at the primary and lower secondary school level in Iceland revealed a shift in school design from traditional classroom settings, sometimes coined "cells and bells", to more open and flexible learning environments, characterised by classroom clusters and open plan spaces. Municipal authorities in Reykjavik began to explore new approaches to school practice and school design in the early years of this century, and other municipalities followed, looking for ways to encourage collaboration and student-centered learning. New schools were designed and built and old school buildings revised or supplemented. School practice, however, remains to a great extent relatively set in its ways. New design features, nevertheless, appear to support and encourage teacher collaboration, professional discussions, a positive school ethos and democratic involvement, as well as collaborative learning, group work and playful learning activities. Teachers at large appear to be satisfied with their school buildings as a whole, but are able to name an array of items and issues that might help to improve their working conditions. Some teachers have found it troublesome to align their subject oriented approach and preferred teaching methods of direct instruction with open plan spaces, while many others would like to have at their disposal spacious classrooms and additional spaces, with furniture and digital tools to support different teaching methods and varied forms of learning.

References

Barrett, P., Zhang, Y., Moffat, J. & Kobbacy, K. (2013): A holistic, multi-level analysis identifying the impact of classroom design on pupils' learning, Building and Environment, vol. 59, pp. 678–689.

Bennett, N., Andreae, J., Hegarty, P. & Wade, B. (1980): Open plan schools: Teaching, curriculum, design, NFER Publishing company for the Schools Council, Windsor, UK.

Blackmore, J., Bateman, D., Loughlin, J., O'Mara, J. & Aranda, G. (2011): Research into the connections between built learning spaces and student learning outcomes: A literature review, State of Victoria (Department of Education and Early Childhood Development), Melbourne.

Cuban, L. (2004): The open classroom, Education Next, vol. 4, no. 2, viewed 31 January 2015, http://educationnext.org/theopenclassroom/.

Dudek, M (2000), Architecture of schools: The new learning environment, Architectural Press, Oxford.

Eiken, O. (2011): The Kunskapsskolan ("The knowledge school"): A personalised approach to education. CELE Exchange, vol. 1, pp. 1–4, OECD publishing, Paris.

Fasteignastofa Reykjavíkur & Fræðslumiðstöð Reykjavíkur (2004): Húsnæði grunnskóla Reykjavíkur: Greining á þörf fyrir byggingar og endurbætur [School buildings in Reykjavik: Analysis of needs for new buildings and renovations], [A report made in collaboration between Reykjavík City Educational Department and Reykjavík City Building Department.], Fasteignastofa Reykjavíkur & Fræðslumiðstöð Reykjavíkur, Reykjavik.

Gislason, N. (2015): The open plan high school: educational motivations and challenges, in ed P. Woolner, School design together, Routledge, London.

Gislason, N. (2010). Architectural design and the learning environment: A framework for school design research, Learning Environment Research, vol. 13, pp. 127–145.

Higgins, S., Hall, E., Wall, K, Woolner, P. & McCughey, C. (2005): The impact of school environment: A literature review, The University of Newcastle, Newcastle, UK.

Hjartarson, T. & Sigurðardóttir, A. K. (2011): Hönnun skólabygginga í deiglu nýrra kennsluhátta: Íslenskar grunnskólabyggingar við upphaf 21. aldar [The design of school buildings in the crucible of new teaching methods: Icelandic primary and lower secondary school buildings in the early 21st century], TUM – Tímarit um menntarannsóknir, pp. 66–79.

Jakobsdóttir, S., Hjartarson, T. & Þórhallsdóttir, B. (2014), 'XI Upplýsingatækni í skólastarfi' [Information technology in School Practice], in Starfshættir í grunnskólum við upphaf 21. aldar [Teaching and Learning in Icelandic Compulsory Schools at the Beginning of the 21st Century], ed G G Óskarsdóttir, Háskólaútgáfan, Reykjavík, pp. 277–319.

Jilk, B. A. (2005): Place making and change in learning environments, in ed M. Dudek, Children's spaces, Architectural Press, Oxford, pp. 30–43.

Land, S., Hannafin, M. J. & Oliver, K (2012): 'Student-centered learning environments: Foundations, assumptions and design', in Theoretical foundations of learning environments, eds D. H. Jonasson & S. Land (second edition), Routledge, New York and London, pp. 3–25.

Nair, P., Fielding, R. & Lackney, J. (2009): The language of school design: Design patterns for 21st century schools, Design-Share.com, US.

OECD (2013), Innovative learning environments, OECD Publishing, viewed 31 January 2015, http://dx.doi.org/10.1787/9789264203488-en.

OECD Programme on Educational Building (OECD/PEB) & Department for Education and Skills (DfES) (2006): 21st Century learning environment, OECD Publishing.

Óskarsdóttir, G. G. (ed.) (2014): Starfshættir í grunnskólum við upphaf 21. aldar [Teaching and Learning in Icelandic Compulsory Schools at the Beginning of the 21st Century], Háskólaútgáfan, Reykjavík.

Óskarsdóttir, G. G. (2001): Lýsing á undirbúningsferli hönnunar frá hinu almenna til hins sérstæða: Design Down Process [Description of design preparations through the Design Down Process], Fræðslumiðstöð Reykjavíkur, Reykjavík.

Reykjavik City Department of Education (2005). Measurement tool on individualized and cooperative learning, Reykjavik City Department of Education, Reykjavik, viewed 31 January 2015, http://www.rvk.is/Portaldata/1/Resources/skjol/svid/menntasvid/pdf_skjol/skyrslur/einstaklingsmidad-nam_enska.pdf.

Roberts, L. W. (2009): Measuring school facility conditions: An illustration of the importance of purpose, Journal of Educational Administration, vol. 47, no. 3, pp. 368–380.

Sigurðardóttir, A. K. (2014): 'IV Skólabyggingar og námsumhverfi' [School Buildings and Physical Learning Environments], in Starfshættir í grunnskólum við upphaf 21. aldar [Teaching and Learning in Icelandic Compulsory Schools at the Beginning of the 21st Century], ed G. G. Óskarsdóttir, Háskólaútgáfan, Reykjavík, pp. 57–83.

Sigurðardóttir, A. K. og Óskarsdóttir, G. G. (2012): Nám og kennsla á yngsta stigi grunnskólans: Einstaklingsmiðun og nýting á námsumhverfi [Learning and teaching in the youngest compulsory school grades: Individualised learning and the application of learning environments], Ráðstefnurit Netlu – Menntakvika 2012, viewed 31 January 2015, http://netla.hi.is/menntakvika2012/001.pdf.

Sigurðardóttir, A. K. & Hjartarson, T. (2011): School buildings for the 21st century: Some features of new school buildings in Iceland, CEPS Journal, vol. 1, no. 2, pp. 25–43.

Sigurðardóttir, A. K. (2007): Þróun einstaklingsmiðaðs náms í grunnskólum Reykjavíkur. [The development of individualised learning in compulsory schools in Reykjavík.] Netla – Veftímarit um uppeldi og menntun, viewed 31 January 2015, http://netla.hi.is/greinar/2007/012/index.htm.

Svanbjörnsdóttir, B. M., Macdonald, A. & Frímannsson, G. H. (2010): Að undirbúa nám í nýjum skóla: Áhersluþættir stjórnanda og mannaráðningar [Preparing for learning in a new school: The principal's priorities and selection of staff], TUM – Tímarit um menntarannsóknir, vol. 7, pp. 43–59.

Tanner, C. K. (2008): Explaining the relationships among student outcomes and the school's physical environment, Journal of Advanced Academics, vol. 19, no. 3, pp. 444–471.

Tse, H. M., Learoyd-Smith, S., Stables, A. & Daniels, H. (2014): Continuity and conflict in school design: A case study from Building Schools for the Future, Intelligent Buildings International, DOI: 10,1080/17508975.2014.927349.

4 Gebaute Umgebung als Lernumgebung: Haben Schulgebäude und Klassenzimmer Einfluss auf Lehren und Lernen?

Ulrike Stadler-Altmann

Kurzfassung

Ein Überblick über die Forschung zum Einfluss der Lernumgebung auf Lehren und Lernen steht am Anfang dieses Kapitels. Zunächst werden einige Herausforderungen dargestellt, wenn Lernumgebungen evaluiert werden, danach wird die allgemeine Bedeutung des Schulgebäudes und des Klassenzimmers für Schule und Unterricht skizziert. Der Schwerpunkt der Ausführungen liegt in der Diskussion des Zusammenhangs zwischen der gebauten Umgebung und den sich daraus ableitenden Herausforderungen für Lehren und Lernen. Illustriert wird dieses Zusammenspiel durch empirische Studien, und zukünftige, erziehungswissenschaftliche und architekturpsychologische Forschungsperspektiven werden aufgezeigt.

Abstract

This chapter begins with an overview about research on the influence of the constructed environment on education. First, some aspects of the evaluation of learning environment are presented, followed by two sections about school space and classroom space to show the importance of school buildings and classroom settings. A focus is set on the interrelation between the constructed school environment and the resultant challenges that occur for teaching and learning. Finally, further research questions are presented on the perspective of education and architectural psychology.

4.1 Einführung

Mit der Lernumgebung in Schule und Unterricht befassen sich einige zum Teil differierende Forschungsdisziplinen: Neben den klassischen erziehungswissenschaftlichen Disziplinen Pädagogik, Schulpädagogik und Psychologie beschäftigen sich ebenso Architektur, Design, Ergonomie, aber auch Politologie – mit einem Schwerpunkt auf der Betrachtung bildungspolitischer Vorgaben – mit dem Thema. Mit den Zusammenhängen zwischen der gebauten Umgebung und den Lehr-Lernprozessen setzen sich insbesondere Wissenschaftlerinnen und Wissenschaftler der Architekturpsychologie (vgl. Rödder/ Walden 2013) und der Schulpädagogik bzw. der allgemeinen Pädagogik auseinander. Letztere richten den Blick auf das pädagogische Handeln in der gebauten Umgebung und dem Lehren und Lernen in dafür gestalteten Gebäuden. Diese Disziplinen sind ihren jeweils eigenen Forschungstraditionen verpflichtet, wie sich aus den differierenden Zugängen und Ergebnissen erkennen lässt: Die Architekturpsychologie stellt die Architektur des Schulhauses und des Klassenzimmers in den Mittelpunkt und fragt nach Design und baulichen Voraussetzungen für gelingendes Lehren und Lernen. Die Fragen der Schulpädagogik bzw. allgemeinen Pädagogik kreisen um den Zusammenhang zwischen der Lernumgebung und dem Lehren und Lernen. Dabei steht die Interaktion zwischen Lehrkräften und Schülerinnen und Schülern im Zentrum der Betrachtung.

Entsprechend dieser unterschiedlichen Herangehensweisen wird im vorliegenden Kapitel der Forschungsüberblick gestaltet. Nach Überlegungen zu den Herausforderungen der Evaluation von Wirkungen der Lernumgebung im ersten Abschnitt wird im zweiten Abschnitt Forschung zum Schulgebäude in den Mittelpunkt gestellt und Ergebnisse der Architekturpsychologie zum Einfluss von Schuldesign und Schulkultur erläutert. Klassenzimmer, Klassenzimmerarchitektur und Aktivitäten im Klassenzimmer bilden im dritten Abschnitt die Folie, auf der die Ergebnisse der Forschung zu Lernen und Lehren in der gebauten Umgebung verdeutlicht werden. Abschließend werden einige empirische Studien vorgestellt, die vor dem Hintergrund der Diskussion in den vorangehenden Abschnitten die zukünftigen Forschungsperspektiven umreißen.

4.2 Herausforderung

Besteht ein Einfluss des Schulgebäudes und der baulichen Gestaltung des Klassenzimmers auf Unterricht und Erziehung? Wie Kahlert, Nitsche und Zierer (2013) feststellen, spielt der Umgang mit den baulichen Voraussetzungen in Schule und Unterricht eine untergeordnete Rolle in der nationalen und internationalen erziehungswissenschaftlichen Forschung. Nur wenige Studien nehmen den Umgang der Lehrkräfte sowie der Schülerinnen und Schüler mit ihrem Klassenzimmer oder mit ihrem Schulgebäude explizit in den Blick (vgl. Woolner 2010; Higgins et al. 2005) und versuchen, aus ihren Beobachtungen Schlüsse für Lernen und Lernen zu ziehen. Einige ältere Studien, die diesen Zusammenhang aus unterschiedlichen Perspektiven diskutieren, sind nach wie vor einflussreich: die Untersuchungen von Moos (1979), Steele (1973) und Bronfenbrenner (1981, 2005). In diesen Arbeiten werden Modelle vorgestellt, die die Relationen zwischen der Umgebung und den Lernzuwächsen der Schülerinnen und Schüler verdeutlichen können und zudem Ansatzpunkte bieten, diese Zusammenhänge auch zu erfassen.

Die Umwelt- bzw. Umgebungsbedingungen sind ein wesentlicher Teil dieses Modells und die materiellen Bedingungen sind darin wiederum ein relevanter Aspekt. Moos stellt fest: „[...] architecture and physical design can influence psychological states and social behavior" (Moos 1979: 6). Als einer der ersten zeigt er diesen Zusammenhang auf. Mit dem Modell beeinflusst Moos die Forschungsarbeiten im Bereich der Architekturpsychologie und der Erziehungswissenschaft wesentlich, die im Laufe der Zeit weitere Einflüsse der gebauten Umgebung auf das Lehren und Lernen nachweisen können.

Parallel zu Moos analysiert Steele (1973) grundlegende Funktionen der Schulhausarchitektur und der Klassenraumgestaltung. Fünf davon werden in erziehungswissenschaftlichen Zusammenhängen immer wieder aufgegriffen (vgl. Weinstein 2007; Weinstein et al. 2011): *Security and Shelter, Pleasure, Symbolic Identification, Task Instrumentality* und *Social Contact* (detaillierte Darstellung im Abschnitt „Klassenraum"). Folgt man den Überlegungen von Steele, Weinstein und anderen, dann müssen diese Grundbedürfnisse für erfolgreiches Lehren und Lernen erfüllt sein, insbesondere wenn die Lernumgebung im Klassenzimmer in den Blick kommt.

Bronfenbrenner (1981, 2005) fokussiert die sozial-ökologischen Bedingungen in Schule und Unterricht. Seine Überlegungen gehen über die materialen Faktoren im Schulgebäude und im Klassenzimmer hinaus, nachdem die jeweilige Lernumgebung als Sozialraum betrachtet wird. Seine Arbeiten regen die erziehungswissenschaftliche Theorie zur Gestaltung von Lernumgebungen an. Sie findet sich z. B. in der „Didaktik der Lernökologie" von Werner Sacher (2006) ausgearbeitet.

Higgins et al. (2005: 5) stellen einige fundamentale Fragen hinsichtlich guter und schlechter Schulgestaltung sowie guter und schlechter Klassenzimmergestaltung, die im Folgenden leicht modifiziert dafür genutzt werden, um den Einfluss der schulischen, materialen Umgebung auf Wohlbefinden, Lehren und Lernen sowie Leistungen zu verdeutlichen. Dabei bezieht sich Forschung zur Lernumgebung mehr auf einzelne Details und weist kaum einen übergeordneten, verbindenden Fokus auf, wie Gislason (2011), Higgins et al. (2005) und Kahlert et al. (2013) unabhängig voneinander in ihren jeweiligen Forschungszusammenhängen kritisieren. Dies trifft insbesondere auf empirische Arbeiten in der Architekturpsychologie und der Erziehungswissenschaft zu. „The empirical research that exists on the impacts of environment on teaching and learning tends on focus more upon some elements (for example, noise) and to fail to synthesize understandings (for example the implication of noise and temperature research tend to conflict). Cultural and geographical differences also highlight the importance of sensitivity to context. For these reasons it is very difficult to make judgments about which areas are 'worth' focusing on" (Higgins et al. 2005: 6).

Diese grundlegenden Forschungen verdeutlichen die unterschiedlichen Zugänge zum Feld der Schul- und Klassenraumgestaltung, sodass in den folgenden Abschnitten zwischen einer eher architekturpsychologischen und einer eher erziehungswissenschaftlichen Herangehensweise unterschieden wird. Zunächst wird Schule aus der Perspektive der Architektur bzw. Architekturpsychologie (Abschnitt „Schulraum") dargestellt, bevor im Anschluss daran Studien der Erziehungswissenschaft (Abschnitt „Klassenraum") vorgestellt werden.

4.3 Schulraum

In der Durchsicht der empirischen Studien, die sich mit dem Zusammenhang zwischen gebauter Umgebung und Lehren und Lernen beschäftigen, zeigt sich, dass uneinheitlich von Schul- und Klassenraum bzw. Schul- und Klassenzimmer gesprochen wird. Diese semantisch bedeutungsvolle Unterscheidung wird im vorliegenden Beitrag nicht diskutiert. Ich bevorzuge den Terminus *Raum*, da er als Heuristik einer pädagogischen Anthropologie gelesen werden kann und in meinem Beitrag ebenso auf Studien phänomenologischer Prägung zurückgegriffen wird. *Raum* beschreibt als Begriff mehr als die bauliche Komponente, und durch die Verwendung dieser Nomenklatur wird signalisiert, dass die Bedeutung des Schul- und Klassenraums für das unterrichtliche Geschehen mehr beinhaltet als eine äußerliche Rahmenbedingung. Die Begriffe *Schulhaus* und *Klassenzimmer* werden hingegen im Folgenden immer dann hervorgehoben, wenn es um die baulichen Voraussetzungen und architektonischen Gestaltungsmöglichkeiten geht.

Die Bedeutung des Schulgebäudes und der Umgebung im Klassenzimmer für das alltägliche Lehren und Lernen ist von Forschung und Bildungspolitik lange Zeit vernachlässigt worden (vgl. Martin 2002). Die betroffenen Akteure sehen sie sehr wohl: Die meisten Lehrkräfte verstehen ihre Schule und ihren Klassenraum nicht als Lernumgebung mit Potentialen, sondern eher als limitierende Faktoren für guten Unterricht (vgl. Walden 2009a; Weinstein 2007 & 2011). Ähnlich ist auch der Blick der Schülerinnen und Schüler, auch sie sehen zunächst nur die unzureichende Ausstattung und die einschränkenden (Raum-) Möglichkeiten ihrer Schule und ihrer Klassenzimmer. Wenn Lehrkräfte, Schülerinnen und Schüler detailliert befragt werden – wie z. B. in den Studien von Woolner et al. (2007, 2011, 2012, 2013) – können sie leicht veranschaulichen, welche Schulgebäude und welche Klassenräume sie sich für ein erfolgreiches Lehren und Lernen wünschen.

4.3.1 Schularchitektur

In *Design of schools* (1994) und *Designing a responsive school* (1996) diskutiert Henry Sanoff als Architekt Ideen und Möglichkeiten, wie Schulhausarchitektur Lehren und Lernen unterstützen kann. Rotraut Walden beschreibt daran anknüpfend in *School for the future* (2009) wesentliche Faktoren für „a positive educational quality of the learning environment" (Walden, 2009: 75), wie z. B. Farbe, Form, Licht, Raumklima, Belüftung, Akustik, Möblierung und Ausstattung. Ihre Arbeit knüpft damit direkt an Steeles Überlegungen (1973) und Higgins et al. (2005) an.

Wie Gislason (2011) aufzeigt, gibt es viele Studien, die die Zusammenhänge zwischen der Qualität des Gebäudes und den Schülerleistungen untersuchen und dabei die Innenraumluft, die Beleuchtung, den Lärmpegel, die Akustik, die Anzahl der Personen im Raum und die Heizung bzw. Klimaanlage in den Blick nehmen. In den Studien werden die Faktoren mit dem Wohlbefinden der Personen im Schulgebäude und im Klassenzimmer in Beziehung gesetzt, weniger mit der Interaktion des Lehrens und Lernens. So können aus diesen Untersuchungen nur wenige Rückschlüsse auf erziehungswissenschaftliche Fragestellungen gezogen werden.

Weitere Studien verdeutlichen einen Zusammenhang zwischen dem Schulgebäude und dem die Schule umgebenden Sozialraum, hinsichtlich der Wahrnehmung der Schule in der Gemeinde und der sich darin zeigenden wachsenden Bedeutung der öffentlichen Erziehung (vgl. Uline/Tschannen-Moran/ DeVere Wolsey 2008). Dieser politisch-sozialwissenschaftliche und für die Bildungspolitik relevante Ansatz beschäftigt sich eher mit den Rahmenbedingungen für gelingendes Lehren und Lernen in Schule und Unterricht, weniger mit den dadurch beeinflussten pädagogischen Lehr-Lernprozessen.

4.3.2 Schuldesign und Schulkultur

Architektur und Design der Schule beeinflusst die Schulkultur, so Walden und Sanoff (2012), und kann dadurch die Art und Weise des Lehrens und Lernens eine Schule verändern. Oder prägen nicht vielmehr die Veränderungen in Lehren und Lernen Schularchitektur und Schulkultur? Die Veränderungen der Lehr-Lernkultur der letzten 200 Jahre haben die Schule an sich und damit auch das Schulgebäude und seine Gestaltung als Lehr- und Lernraum beeinflusst. Viele erziehungswissenschaftlich-historische Studien zum Zusammenhang zwischen Schulhausarchitektur und dem Lehren und Lernen in Schule und Unterricht zeichnen diesen Entwicklungszusammenhang nach (vgl. Gislason 2011). Gislason beschreibt zwei große Veränderungen in der europäischen und nordamerikanischen Schulgeschichte, die einen wesentlichen Einfluss auf das Design und die Architektur von Schulen haben: erstens „the single-grade classroom replaced the multi-grade school-room" (ebd.: 1) und zweitens „a growing interest in non-traditional educational practices has prompted architects to develop a variety of experimental design solutions" (ebd.: 1). Damit greift er wie auch andere historische Bildungsforscherinnen und -forscher zunächst die Veränderung hinsichtlich der zunehmenden, sich nach Inhalten und Methoden ausdifferenzierenden Wissensbestände auf, die aufgrund der wachsenden Wissensfülle nicht mehr fach- und jahrgangsübergreifend vermittelt werden können. Des Weiteren zeigt Gislason mit dem Hinweis auf die sich veränderte Lehrauffassung die Einflüsse der Reformpädagogik und nachfolgender pädagogischer Entwicklungen auf, die vom Frontalunterricht ausgehend neue Lehrformen entwickeln und ausarbeiten. Es werden zunehmend offene Unterrichtsformen praktiziert, die dadurch auch die Raumgestaltung in Schule und Unterricht beeinflussen.

Zusammenfassend beschreibt Pamela Woolner (2010) drei Prinzipien, die die Beurteilung von Schulgebäuden und Klassenzimmern maßgeblich prägen: die öffentliche Wahrnehmung, die Bedeutung des guten Designs und die zeitliche Kontinuität. Dabei stehen mit dem Prinzip der öffentlichen Wahrnehmung bildungspolitische Aspekte im Fokus, mit dem Prinzip des guten Designs Ansätze der Architektur und der Architekturpsychologie und mit dem Prinzip der zeitlichen Kontinuität die Komplexität der Schule als gesellschaftliche Institution, die sich im Schulgebäude manifestiert und allein schon durch ihre Gestaltung Hinweise auf die Bedeutung von Schule und Unterricht im historischen und gesellschaftlichen Zusammenhang gibt.

Higgins et al. (2005: 7) bieten einen kommentierten Überblick über erziehungswissenschaftliche und architekturpsychologische Forschungen und Ergebnisse, die nach wie vor maßgeblich sind. In den bisherigen Untersuchungen konnte gezeigt werden, dass:

- „[…] physikalische Variablen eines Raumes (Luftqualität; Temperatur, Lärm) starke und konsistente Effekte auf das Lernen haben.
- auch wenn ein minimaler Standard der einzelnen physikalischen Elemente als Voraussetzung für Lehren und Lernen beschrieben werden kann, eine Veränderung kaum weitere signifikante Effekte hervorruft.
- Licht und Farbe vermutlich einen positive Einfluss auf das Lernen haben.
- auch andere physikalische Gegebenheiten die Wahrnehmung und das Verhalten der Schülerinnen und Schüler beeinflussen. Allerdings sind diese Zusammenhänge bisher nur zu beschreiben und generelle Aussagen dazu noch nicht möglich.

- der Bedeutungszusammenhang der einzelnen (physikalischen) Elemente genauso wichtig ist wie die jeweils einzelne Betrachtung."

4.4   Klassenraum

In diesem Abschnitt wird der Zusammenhang zwischen der gebauten Umgebung als Lernumgebung und den Lehr-Lernprozessen in Schulen und Klassen aufgegriffen, um ideale Lernumgebungen beschreiben zu können. Einige Aspekte, wie Lehrkräfte sowie Schülerinnen und Schüler ihr Schulgebäude und ihren Klassenraum im Zusammenhang mit Lehren und Lernen wahrnehmen und nutzen, sind bisher untersucht und erläutert worden (vgl. Stadler-Altmann 2013, 2015), weitere sollten noch in den Betrachtungszusammenhang einbezogen werden.

Die Mehrzahl der erziehungswissenschaftlichen Untersuchungen in diesem Bereich basieren auf den Überlegungen von Steele (1973), die die unterschiedlichen Funktionen der Klassenzimmergestaltung illustrieren. Steele beschreibt, wie die physikalische Umgebung das Wohlbefinden, das Denken und das Verhalten von Schülerinnen und Schülern sowie Lehrkräften beeinflussen kann. Diesen Überlegungen folgend arbeitet Weinstein (2007, 2011) fünf Funktionen heraus, die besonders bedeutend für Lehren und Lernen in der gebauten Umgebung sind:

Security and Shelter (Sicherheit und Geborgenheit): Sie sind die fundamentalen Funktionen jeder gebauten Umgebung. Physische Sicherheit und das (psychologische) Gefühl der Geborgenheit muss gegeben sein, damit weitere Bedürfnisse von Schülerinnen und Schülern sowie Lehrkräften berücksichtigt werden können. Sicherheit und Geborgenheit sind demnach Grundvoraussetzungen für erfolgreiches Lehren und Lernen.

Pleasure (Gefälligkeit und Wohlbefinden): Genauso wichtig ist, dass Schülerinnen und Schüler sowie Lehrkräfte ihre Schule, ihren Klassenraum als schön und freundlich wahrnehmen. Einige erziehungswissenschaftliche Studien zeigen, dass ästhetisch ansprechende Umgebungen das Verhalten beeinflussen. Schön gestaltete Klassenräume haben positive Effekte auf Aufmerksamkeit und das Gefühl der Gruppenzusammengehörigkeit (vgl. Horowitz/Otto 1973) und erleichtern so auch die Beteiligung am Unterricht, z. B. an Diskussionen im Klassenverband (vgl. Sommer/Olson 1980).

Symbolic Identification (Symbolische Identifikation): Hiermit ist die Bedeutung der individuellen Gestaltung von Schulen und Klassenräumen angesprochen, wenn sie von Schülerinnen und Schülern, sowie Lehrkräften täglich genutzt und so, oft unbewusst, gestaltet werden.

Task Instrumentality (Zielunterstützung): Mit dieser Funktion beschreibt Weinstein in der Nachfolge von Steele (1973), wie die Umgebung die Unterrichtsziele einer Lehrkraft unterstützen oder auch behindern kann.

Social Contact (Sozialer Kontakt und Zusammenhalt): Die Ausstattung des Klassenraums, z. B. das Arrangement von Tischen und Stühlen, kann sowohl die Arbeit in Gruppen als auch die Möglichkeit für Einzelarbeit erleichtern oder erschweren. Allein durch die Vorbereitung der Umgebung (vgl. Meyer 2010) kann die Lehrkraft die Aktivitäten der Schülerinnen und Schüler in einer Unterrichtsstunde vorstrukturieren. In der gleichen Weise kann die Interaktion zwischen Lehrkraft und Schülerinnen und Schülern geplant und durch die Gestaltung des Klassenzimmers erleichtert oder erschwert werden.

In einigen erziehungswissenschaftlichen Studien konnte gezeigt werden, dass in Klassenzimmern mit einer Bestuhlung in Reihen Lehrkräfte dazu neigen, eher mit Schülerinnen und Schülern, die vorne oder in der Mitte sitzen, zu interagieren. Schülerinnen und Schüler in dieser „Aktivitätszone" (vgl. Sacher 2000) beteiligen sich mehr an Klassendiskussionen und stellen im Unterrichtsverlauf deutlich häufiger Fragen.

Diese fünf Funktionen bilden oftmals den Hintergrund zu Untersuchungen im Zusammenhang mit der gebauten Umgebung. Dabei lassen sich die erziehungswissenschaftlichen Studien in zwei Hauptgruppen einteilen: In der einen Gruppe steht eher die Lehrkraft und ihre Orientierung im Raum sowie ihr damit verknüpftes Lehrverhalten im Vordergrund, und in der anderen Gruppe werden eher die Schülerinnen und Schüler und ihr (Lern-)Verhalten in der gebauten Umgebung thematisiert. Allerdings spielt die konkrete Nutzung des Schul- und Klassenraums durch die Lehrkraft sowie durch die Schülerinnen und Schüler für Lehr-Lernprozesse in Schule und Unterricht eine meist untergeordnete Rolle in erziehungswissenschaftlichen und insbesondere in erziehungswissenschaftlichen empirischen Untersuchungen.

Deshalb wird in den nun folgenden Abschnitten zunächst der Frage nachgegangen, wie Lehrkräfte mit den baulichen Gegebenheiten der Schule bzw. des Klassenzimmers umgehen. Thematisiert wird, wie sich Lehrkräfte im Raum positionieren, wie sie sich im Klassenraum bewegen und ob bzw. wie sich die Körpersprache der Lehrkraft auf den Unterricht auswirkt. Im Anschluss daran soll geklärt werden, ob und wie sich architektonische Veränderungen der Schule und des Klassenzimmers (vgl. Buddensiek 2008; Rittelmeyer 2010) auf die Aktivität und Interaktion im Unterricht auswirken (vgl. Steele 1973; Weinstein 2007; Weinstein et al. 2011). Dementsprechend wird in diesem Abschnitt auch der Hypothese nachgegangen, wie sich das Lehren verändert, wenn Lehrkräfte

56

Klassenzimmer vorfinden, die nach ihren Wünschen (um-)gestaltet sind, da Klassenzimmer als gebaute Umgebung das Wohlbefinden und die Aktivitäten im Klassenraum beeinflussen (vgl. Rittelmeyer 2010; Forster 1997).

4.4.1 Klassenzimmer: Architektur und Ausstattung

Bevor einige wesentliche Aspekte des Lehrens und Lernens in der gebauten Umgebung thematisiert werden, müssen jedoch die baulichen Gegebenheiten in unseren, westeuropäischen und angloamerikanischen Schulen und Klassenzimmern in Erinnerung gerufen werden.

Mehr oder weniger sind die meisten europäischen und amerikanischen Schulen und Klassenzimmer in ähnlicher Weise konstruiert, entworfen, gestaltet und eingerichtet worden. Da die meisten Schulen im 19. Jahrhundert geplant und gebaut wurden (vgl. Tanner/Lackney 2006; Buddensiek 2008), orientieren sich die auch noch heute gültigen Richtlinien an diesen ursprünglichen Überlegungen, Planungen und Traditionen (vgl. Rittelmeyer 2010). Wie Tanner und Lackney (2006) in ihrer „History of Education Architecture" (Tanner/Lackney 2006) hervorheben, basiert die aktuelle Diskussion um Kriterien für Schulgebäude- und Klassenzimmerdesign nach wie vor auf diesen Traditionen. Auch die Einflüsse der Reformpädagogik und weiterer pädagogischer Strömungen, z. B. zur Öffnung des Unterrichts, hat daran nur wenig geändert. Zwar finden sich im Anschluss an die neuen pädagogischen Überzeugungen zunehmend nach pädagogischen Überlegungen geplante und gebaute Schulhäuser und entsprechende Klassenzimmer, doch die Mehrzahl der öffentlichen Schulen sind eben Schulen in Schulhäusern aus oder nach den Traditionen des 19. Jahrhunderts. Dementsprechend findet im Allgemeinen auch der moderne Schulunterricht in traditionellen Schulräumen mit einer traditionellen Ausstattung statt. Die meisten dieser Klassenzimmer sind dabei für frontalen und lehrergesteuerten Unterricht geplant und gebaut worden (im Detail: Montag Stiftung 2011; Buddensiek 2008). Schulen mit Gebäuden, die nach reformpädagogischen Ideen gebaut sind, sind zumeist private Schulen, z. B. die Laboratory School von John Dewey, Waldorf Schulen nach Rudolf Steiner und Schulen in der Tradition von Maria Montessori.

In den letzten beiden Jahrzehnten konnte beobachtete werden, dass die Planer der staatlichen Schulbauten sich aber zunehmend gegenüber pädagogischen Überlegungen (vgl. Tanner & Lackney 2006) öffnen.

Auch Lehrkräfte sind sich des Raumeinflusses auf ihre didaktischen Konzepte bewusst. Üblicherweise verändern Lehrkräfte das Klassenzimmer und die Bestuhlung des Raums für ihre Schülerinnen und Schüler in bestimmten Unterrichtssituationen, um ihr Lehren und das Lernen ihrer Schülerinnen und Schüler zu unterstützen. Sandra Horne Martin (2002) konnte in ihren

Studien nachweisen, dass es einen starken Zusammenhang zwischen den pädagogischen Überzeugungen der Lehrkräfte und ihrem Umgang mit den Gegebenheiten in den jeweiligen Klassenzimmern gibt. Allerdings scheint es den
Lehrkräften manchmal an entsprechenden Ideen und Freiräumen zu fehlen,
einfache Umgestaltungen vorzunehmen. Dies kann allerdings auch damit zusammenhängen, dass Klassenzimmer nicht beliebig veränderbar sind. Wie
Martin (2002: 143) in ihren theoretischen Vorüberlegungen zu ihrer Studie
erklärt, können nur Teile des Klassenzimmers und der Klassenzimmerausstat-
tung von Lehrkräften verändert werden: „[…] the hierarchy of design-ability
is a construct that measures the degree of control of change that teachers have
over the physical elements of the classroom setting. In examining teacher's use
of the classroom space, architectural elements have been classified in terms
of hard (fixed features) and soft architecture (semi-fixed, semi-flexible and
flexible features)."

4.4.2   Interaktionen im Klassenraum: Lehren und Lernen

Es wurde gezeigt, dass die meisten Klassenzimmer nach veralteten pädagogischen Überzeugungen gestaltet sind, „[while] our understanding of learning
itself is changing. Research on learning styles, formative assessment, multiple
and emotional intelligences, constructivism and so on have been combined
with the rapid development of technology-enabled, peer-to-peer and self-
directed learning to facilitate very different approaches to the 30-students-
in-rows model. But despite these changes, we do not yet have a robust research
base for integrated and personalized learning environments" (Higgins et al.
2005: 11). Deswegen stehen Lehrkräfte vor der Herausforderung, mit den Gegebenheiten einer nach veralteten Schul- und Schulraumplanung gestalteten
Umgebung umgehen zu müssen, während sie gleichzeitig modernen und zu-
kunftsorientierten Unterricht halten möchten.

Lehren – Unterrichten

Unterrichten ist notwendigerweise interaktiv und auf – anwesende – Personen
bezogen. Die Interaktion ist in vielfältiger Weise durch die Ausstattung des
Raumes und die zur Verfügung stehenden Materialien bedingt, und Lehrkräfte
passen ihren Unterricht diesen Gegebenheiten an.

In traditionellen Klassenzimmern haben Lehrkräfte wenig Spielraum für
Bewegung und Interaktion mit Schülerinnen und Schülern, die über eine ko-
gnitive Interaktion hinausgeht. Allerdings gibt es auch bei diesen räumlichen
Voraussetzungen Möglichkeiten, den Raum und die eigene Bewegung im
Raum so einzusetzen, dass Schülerinnen und Schüler aktiviert und motiviert
werden, wie Müller (2008) verdeutlicht. Dabei greift er auf Anregungen aus

Theater und Schauspiel zurück und veranschaulicht, wie der Körpereinsatz einer Lehrkraft Aktivitäten mit und zwischen den Schülerinnen und Schülern unterstützen oder auch behindern kann.

Diese Bewegungen und Bewegungsmöglichkeiten einer Lehrkraft hat Sacher (2000) in seiner Studie über Proxemik im Klassenzimmer untersucht. Werner Sacher kann dabei einen Zusammenhang zwischen den Bewegungsschemata der Lehrkräfte und der Interaktion von Lehrkraft und Schülerinnen und Schülern aufzeigen. Daraus folgert er auch Hypothesen für die Wirkung der einzelnen Sequenzen von Nähe und Distanz zwischen der Lehrkraft und den Schülerinnen sowie Schülern.

Diese wenigen Beispiele und bisher kaum replizierten Studien weisen darauf hin, dass es auch bei ungünstigen räumlichen Bedingungen individuelle Ausprägungen der Raumnutzung durch Lehrkräfte gibt und diese im Zusammenhang mit ihrem Unterricht stehen. Allerdings muss noch genauer geklärt werden, inwiefern sich pädagogische Überzeugungen und didaktische Orientierungen einer Lehrkraft in ihrer Raumnutzung äußern.

Detaillierter sind in diesem Zusammenhang die Beobachtungen von Martin (2000, 2002). Sie versucht in ihrer Studie, einen Zusammenhang zwischen der Nutzung des Raumes und den pädagogischen Überzeugungen einer Lehrkraft nachzuzeichnen. Folgende Beispiele illustrieren ihr Vorgehen (Abbildung 1):

Abb. 1: Extreme Nutzung eines Klassenraums

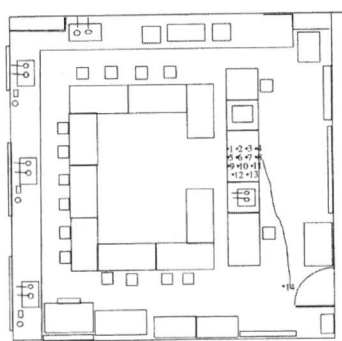 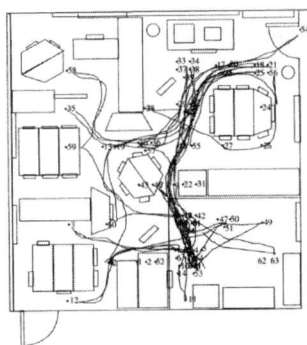

(Martin 2002: 155)

Diese beiden Grafiken zeigen zwei unterschiedliche Nutzungen zweier Klassenräume: Die Organisation des Klassenzimmers, die Bewegung der Lehrkraft und der Grad des lehrerzentrierten Unterrichts illustrieren nach Martin die pädagogische Überzeugung der jeweiligen Lehrkraft. Die rechte Grafik veranschaulicht einen schülerzentrierten, die linke Grafik einen lehrerzentrierten Unterricht. Dabei zeigen beide Unterrichtsbeobachtungen, wie die Unterrichtssituation durch den Raum vorstrukturiert wird und wie die jeweilige Lehrkraft damit umgeht.

Alle drei genannten Beispiele aus der erziehungswissenschaftlichen Forschung, die Ausführungen von Müller (2008), Sacher (2000) und Martin (2002), machen deutlich, dass es interessante Ergebnisse im Zusammenhang zwischen Klassenraum und dem Körpereinsatz bzw. Verhalten der Lehrkräfte im Raum gibt und es sich lohnen würde, weitere Forschung und detaillierte Überprüfungen dieser Zusammenhänge unter einer expliziten erziehungswissenschaftlichen Perspektive anzuschließen.

Lernen – Unterrichtet werden

Die meisten empirischen Untersuchungen zum Zusammenhang zwischen Unterricht und Raumaspekten des Klassenzimmers stellen die Lehrkraft, ihre Bewegung, ihr Verhalten und ihre Überzeugungen zu Lehren und Lernen in den Mittelpunkt. Wenn Schülerinnen und Schüler in diesen Untersuchungen berücksichtigt werden, dann werden entweder ihre Reaktionen auf das Lehren und Verhalten der Lehrkraft beschrieben oder ihre Reaktionen auf die Raum- und damit verbundenen Lehrangebote der Lehrkraft.

Werden Lehrkräfte zum Verhalten ihrer Schülerinnen und Schüler in der Raumsituation des Klassenzimmers befragt, dann wird häufig über die Wahl des jeweiligen Sitzplatzes Auskunft gegeben und diese Sitzplatzwahl mit dem Verhalten und der Beteiligung der Schülerinnen und Schüler im Unterricht in Beziehung gesetzt (vgl. Montello 1988). Werner Sacher klassifiziert die unterschiedlichen Schülerpositionen im Klassenzimmer und definiert eine Zone der (Unterrichts-)Aktivität, die ebenso in den Studien von Martin (2002) und anderen beschrieben wird. Tagliacollo et al. (2010) kommen zu einem ähnlichen Befund und folgern aus ihren Beobachtungen: „[…] students' motivation for learning determines concomitantly students' seat choice and school performance. Therefore, we suggest that displacing students to a frontal seat position in the classroom to improve learning performance is probably not a desirable alternative; instead, the teacher should consider raising the students' motivation" (Tagliacollo et al. 2010: 201). Es genügt also nicht, Schülerinnen und Schüler einfach in die *Zone der Aktivität* umzusetzen, um ihre Beteiligung am Unterrichtsgeschehen zu erreichen, es muss ergänzend eine Veränderung der Schülermotivation erreicht werden. Neben dieser *Zone der Aktivität,* resultierend aus den Sitzpositionen der Schülerinnen und Schüler, findet Sacher in einer anderen Studie fünf Anlässe für Lehrer-Schüler-Interaktionen, die im Zusammenhang mit der Bewegung der Lehrkraft im Klassenzimmer und einer Sitzordnung der Schülerinnen und Schüler in Reihen entstehen: Unterstützung, Disziplinierung/Stimulierung, Attraktion, Vertrauen und Desinteresse. Jeder dieser Gründe wurde aus der Zusammenschau der Bewegung der Lehrkraft im

Klassenzimmer und ihrem Unterricht analysiert. Darüber hinaus konnte Sacher belegen, dass Lehrkräfte mehr Unterstützung geben und mehr Vertrauen in ihre Schülerinnen und Schüler setzen, wenn das Klassenzimmer eine größere Freiheit in der Gestaltung des Raumes zulässt und damit auch unterschiedliche Unterrichtsformen ermöglicht.

Bisher ist der Einfluss der gebauten Umgebung auf die Lernprozesse der Schülerinnen und Schüler nur wenig untersucht worden. Hier sollten sich Studien anschließen, die die Schülerbewegungen und ihre Aktivitäten im Raum in den Blick nehmen. Daraus könnten sich, in der Zusammenschau mit strukturierten Unterrichtsbeobachtungen, Zusammenhänge zwischen der gebauten Umgebung, der Schüleraktivität und dem Lernen ableiten lassen.

4.5 Zusammenhänge

Wie in den vorhergehenden Abschnitten zum Lehr- und Lernraum gezeigt, wird zum einen in der internationalen Forschung von „Learning Environment", also von Lernumgebung, gesprochen, und damit werden sowohl erziehungswissenschaftliche als auch architekturwissenschaftliche Aspekte aufgegriffen. Zum anderen sind die jeweiligen Forschungsergebnisse sehr heterogen und bisher wenig in Beziehung gebracht worden. Dabei stehen nach wie vor auch bei erziehungswissenschaftlichen Studien das Design und die Architektur der Schulgebäude und Klassenzimmer im Vordergrund und erst in zweiter Linie der Zusammenhang zwischen dem Schul- und Klassenraum und dem Lehren und Lernen. Um diese Zusammenhänge genauer untersuchen zu können, werden derzeit die Perspektiven der Lehrkräfte sowie der Schülerinnen und Schüler stärker in den Forschungsprozess einbezogen (vgl. Woolner 2010, 2011, 2013). Damit werden Lehrkräfte sowie Schülerinnen und Schüler nicht nur als Objekt, sondern zunehmend als Subjekte der Forschung wahrgenommen und gewürdigt. Dennoch bleiben viele Fragen zum Zusammenhang zwischen gestalteter, räumlicher Lernumgebung und dem Lehren und Lernen offen, und es bedarf weiterer Forschungsanstrengungen sowohl in methodologischer als auch in theoretischer Hinsicht.

Indirekte Zusammenhänge zwischen der gebauten Umgebung und dem Lehren und Lernen können bisher gut und nachvollziehbar beschrieben werden, wie Martin (2002: 154) feststellt: „As Moore and Lackney (1993) reflect over their findings, it is not unreasonable to suggest that more positive attitudes and behaviors on the part of both teachers and children may reflect positively on improved academic achievement, therefore the environment is seen as having an indirect effect on achievement." Daran anschließend folgen Martin und andere, dass Lehrerfortbildung nach und während des Forschungsprozesses eine wesentliche Rolle spielt, nicht nur, um den angesprochenen Zusammenhängen nachgehen zu können, sondern auch, um genauer verstehen zu können, wie Räume und Raumgestaltung auf Lehrkräfte wirken. Gleiches gilt für Schülerinnen und Schüler. Wenn mit ihnen an Raumkonzepten gearbeitet und z. B. reale Raumsituationen bewertet werden, dann können auch die Zusammenhänge zwischen Raumgestaltung und Lehren sowie Lernen thematisiert und erforscht werden. Hierzu haben Pamela Woolner und Kollegen (2007, 2011) die Methode des „diamond ranking" entwickelt, die mittels Bildbetrachtungen und -diskussionen Lehrkräfte, Schülerinnen und Schüler sowie Eltern in den Forschungskontext einbindet. Ebenso praktiziert der Architekt Peter Hübner (siehe sein Beitrag in diesem Band) erfolgreich, gemeinsam mit Lehrkräften, Schülerinnen und Schülern ideale Räume zu entwerfen und zu gestalten.

Entsprechend der bisherigen Forschungsergebnisse kann auch in den Ergebnissen zweier Schulforschungsprojekte, KOMPASS und SELF,[1] die Bedeutung der baulichen Raumgestaltung nachgezeichnet und als Ansatz einer aktuellen erziehungswissenschaftlichen Raumforschung verstanden werden. Obwohl die Gestaltung eines Lehr- und Lernraums bzw. die Reflexion über die Gestaltungsmöglichkeiten der jeweiligen Unterrichtsräume nur ein Aspekt der Lernförderung in den Projekten war, kann aus den Anstrengungen der Lehrkräfte und den Forschungsergebnissen geschlossen werden, dass der Raum über das didaktische Prinzip der gestalteten Umgebung hinaus Bedeutung für Lehren und Lernen hat.

Wie in den Studien von Martin (1999, 2002) konnten in den Gesprächen mit den Lehrkräften drei Typen im Umgang mit ihren Lehr- und Lernräumen gefunden werden. Martin bezeichnet diese Lehrertypen als *gefangen, frei* und *etwas verunsichert*. Sie beschreibt die *gefangenen* Lehrkräfte folgendermaßen: „[…] teachers that do not perceive their surroundings in a constructive way and do not seem to perceive how much impact that setting is having on his/her teaching and class" (Martin 2002: 153). Die *etwas verunsicherten* Lehrkräfte nehmen die Raumsituation sehr genau wahr und sehen auch die Zusammenhänge zwischen der Raumgestaltung und ihrem Lehren sowie dem Lernen ihrer Schülerinnen und Schüler, sie können diese Wahrnehmung aber nicht in eine aktive Gestaltung ihres Unterrichtsalltags umsetzen. Die in der Klassifikation von Martin (2002) als *frei* bezeichneten Lehrkräfte können souverän mit der jeweiligen Raumsituation umgehen und integrieren die Raumgestaltung in

---

1 Schulprojekte: SELF – Selbstkonzept entwickeln durch lehrplankonforme Förderung: Das Sample umfasst 2.873 Schülerinnen und Schüler der Sekundarstufe, 87 Klassen aus Gymnasien in Bayern. Weiterführende Informationen in: Sacher/Stadler-Altmann 2006; Stadler-Altmann 2010. KOMPASS – Kompetenz aus Stärke und Selbstvertrauen: Das Sample umfasst 2.100 Schülerinnen und Schüler, 77 Klassen aus 20 Realschulen in Bayern. Weiterführende Informationen in: Scheunpflug/Stadler-Altmann/Zeinz 2011.

ihr unterrichtliches Handeln. Eine ähnliche Kategorisierung ließ sich für die Lehrkräfte in unseren Schulforschungsprojekten SELF und KOMPASS finden. Dabei stand bei beiden Projekten die Selbstkonzept- und Stärkenförderung der Schülerinnen und Schüler im Mittelpunkt. Die wissenschaftliche Begleitung hatte in beiden Projekten neben der Beratung der Lehrkräfte in pädagogischen Fragen zur Aufgabe, die Veränderungen in den Lehr-Lernprozessen zu evaluieren. In einem Projekt wählten die Lehrkräfte die Möglichkeit, einen Lernraum (vgl. Scheunpflug/Stadler-Altmann/Zeinz 2012) zu gestalten und für unterschiedliche Lehr-Lernformen zu nutzen. Dabei nannten die Lehrkräfte folgende Aspekte, denen sie als räumliche Lehr-Lernunterstützung Bedeutung zumessen:

■ Der Klassenzimmergrundriss ermöglicht verschiedene Unterrichtsmethoden.

■ Die ausgewählten Möbel (Tische und Stühle) erleichtern die Arbeit in kleinen Gruppen bzw. die individuelle Arbeit im Unterricht.

■ In diesem Raum ist eine Stimulierung aller Sinne möglich, ohne dass dies zu Irritationen führt.

■ Gute raumklimatische Bedingungen durch Akustik, Klimatisierung und Farbgebung.

■ Bereiche zur Erholung und für Privatheit.

Dabei sind die insgesamt positiven Evaluationsergebnisse hinsichtlich der Berufszufriedenheit der Lehrkräfte, der individuellen Lernunterstützung für Schülerinnen und Schüler, der Selbstwirksamkeit und einer sich positiv entwickelnden Lernatmosphäre (ebd.) sicher nicht nur auf die Gestaltung der Unterrichtsräume zurückzuführen.

In dem zweiten Schulforschungsprojekt zeigen sich hingegen deutliche Zusammenhänge zwischen der wahrgenommenen Lernatmosphäre, dem Klassenklima und dem Schülerselbstkonzept (vgl. Stadler-Altmann 2011), die durch die Gestaltung des Klassenzimmers und der Beachtung der Lernumgebung beeinflusst werden können. Diese Hinweise unterstreichen die Bedeutung der gestalteten Lernumgebung als Voraussetzung für erfolgreiches Lehren und Lernen.

Ausgehend von diesen Beispielen und den Ergebnissen der internationalen Forschung im Feld des „Learning Environment" kann geschlussfolgert werden, dass die Gestaltung der Lernumgebung ein wichtiger Punkt bei der Unterrichts- und Schulentwicklung ist – und häufig mit einfachen Mitteln in den Forschungs- bzw. Schulentwicklungsprozess eingebunden werden kann. Dies betonen auch Higgins et al. (2005: 7) in ihrem Forschungsüberblick:

•   „Much of what is known about student comfort, particularly in terms of furniture, has yet to be translated into actual school/classroom environments.

- Since different room arrangements serve different purposes, it is necessary for classrooms to have some degree of flexibility.
- Some improvements to the classroom environment may save time, which is then available for learning.
- 'Ownership' of space and equipment by both teachers and students is important.
- Ownership and engagement are ongoing elements, so there has to be a balance (in display of student work, for example) between permanent and fresh elements.
- Some physical elements in the classroom improve comfort, well-being and probably attitude – and so, perhaps, improve achievement."

Auffallend bleibt, dass in den meisten Untersuchungen auf diesem Gebiet die Perspektive der Lehrkräfte ins Zentrum rückt. Die Perspektive der Schülerinnen und Schüler sollte allerdings genauso erforscht und mit den Ergebnissen aus der Forschung mit Lehrkräften in Beziehung gesetzt werden.

4.6 Herausforderungen für künftige Forschung

Wie in der umfangreichen Dokumentation *Research into the Connection between Built Learning Spaces and Student Outcomes* (Victoria State 2011) deutlich wird, gibt es nach wie vor größere Forschungslücken zum Zusammenhang zwischen Schularchitektur, Klassenzimmergestaltung und Lernumgebung:

- Gaps in the design phase (Victoria State 2011: 11) of new school buildings and/or re-design.
- Gaps within the transition phase (Victoria State 2011: 19) between teaching and learning in old and new designed learning spaces.
- Gaps in the consolidation phase (Victoria State 2011: 32/33) in new designed learning spaces.
- Gaps in the sustainability/re-evaluation phase (Victoria State 2011: 36).

Darüber hinaus sollten in zukünftigen, erziehungswissenschaftlichen Studien folgenden Punkten mehr Beachtung geschenkt werden:

- der methodologischen Diskussion zur Erfassung der Zusammenhänge zwischen Lernumgebung und erfolgreichem Lehren bzw. Lernen,
- der Berücksichtigung der unterschiedlichen Perspektiven der am Unterrichtsgeschehen Beteiligten,
- der Klassifizierung und der Kennzeichnung von Lehr-Lernräumen, die erfolgreiches Lehren und Lernen unterstützen,
- die Beteiligung der unterschiedlichen Akteure in der Planung und Gestaltung von Schulen und Klassenzimmern.

Ausgehend vom Modell zum Klassenklima nach Eder (2000) könnte z. B. ein Modell zur Erfassung der einzelnen Aspekte der Lernumgebung mit ihrem Einfluss auf Lehr-Lernprozesse entwickelt werden. Damit würde zum einen die schon belegte Bedeutung des Klassenklimas aufgegriffen und durch Aspekte zur Klassenzimmergestaltung ergänzt werden.

Etwas freier interpretiert, könnte auch das Hattie-Zitat „the remarkable feature of the evidence is that the biggest effects of student learning occur when teachers become learners of their own teaching, and when students become their own teachers. When students become their own teachers they exhibit self-regulatory attributes that seem most desirable for learners (self-monitoring, self-evaluation, self-assessment, self-teaching)" (Hattie 2009: 22) im Zusammenhang mit der Gestaltung der Lernumgebung gesehen werden: Neben der Wahrnehmung der jeweils eigenen Perspektive der Lehrkräfte sowie der Schülerinnen und Schüler bringt der jeweilige Raum und seine Gestaltung eine dritte, wesentliche Perspektive in die Diskussion um erfolgreiches Lehren und Lernen ein.

4.7 Resümee

Die Forschung zur Gestaltung der Lernumgebung, sowohl aus erziehungswissenschaftlicher als auch aus architekturpsycholgischer Perspektive, weitet sich zunehmend. Allerdings ist es nach wie vor „extremely difficult to come to firm conclusion about the impact of learning environments because of the multi-faceted nature of environments and the subsequent diverse and disconnected nature of the research literature" (Higgins et al. 2005: 6). Deshalb muss sich Forschung in diesem Gebiet mehr an den Erkenntnissen aus der Schul- und Unterrichtsforschung orientieren und z. B. die Bedeutung des Schulhauses in seinem Umfeld oder die Komplexität des Unterrichtsgeschehens stärker in ihre theoretischen Überlegungen und empirischen Studien einbeziehen.

Literatur

Bronfenbrenner, U. (1981): *Die Ökologie der menschlichen Entwicklung: Natürliche und geplante Experimente.* Stuttgart: Klett-Cotta.
Bronfenbrenner, U. (2005): *Making human beings human: Bioecological perspectives on human development.* Thousand Oaks: Sage.
Buddensiek, W. (2008): ‚Lernräume als gesundheits- & kommunikationsfördernde Lebensräume gestalten. Auf dem Weg zu einer neuen Lernkultur'. In: G. Brägger/

N. Posse/G. Israel (Hrsg.): Bildung und Gesundheit – Argumente für eine gute und gesunde Schule. Bern: h.e.p.-Verlag, S. 1–28.

Eder, F./Mayr, J. (2000): Linzer Fragebogen zum Schul- und Klassenklima für die 4.–8. Klassenstufe (LFSK 4-8). Göttingen: Hogrefe.

Forster, J. (1997): ‚Kind und Schulraum – Ansprüche und Wirkungen. Eine interdisziplinäre Annäherung an pädagogische Fragestellungen'. In: G. Becker/J. Bilstein/ E. Liebau (Hrsg.), Räume bilden. Studien zur pädagogischen Topologie und Topographie. Seelze: Kallmayer, S. 175–194.

Gislason, N. (2011): Building Innovation. History, cases, and perspectives on school design. Big Tancook Island (Canada): Backalong Books.

Gislason, N. (2010): 'Architectural design and the learning environment: A framework for school design research', Learning Environment Res. 13: 127–145.

Gislason, N. (2009): 'Building Paradigms: Major Transformations in School architecture (1798–2009)', The Alberta Journal of Educational Research, Vol. 55, No. 2: 230–248.

Hattie, J. (2009): Visible Learning. A synthesis of over 800 meta-analyses relating to achievement. London: Routledge.

Higgins, St./Hall, E./Wall, K./Woolner, P./McCaughey, C. (2005): The Impact of School Environments: A literature review. Newcastle.

Horowitz, P./Otto, D. (1973): The teaching effectiveness of an alternative teaching facility. Alberta: Canada, University of Alberta.

Kahlert, J./Nitsche, K./Zierer, K. (2013): Bildungsqualität in unwirtlichen Räumen? Schulraum als Stiefkind im Bildungsdiskurs. In: dies. (Hrsg.): Räume zum Lernen und Lehren. Perspektiven einer zeitgemäßen Schulraumgestaltung. Bad Heilbrunn, S. 7–21.

Martin, S. H. (2002): 'The Classroom Environment and its Effects on the Practice of Teachers', Journal of Environmental Psychology 22: 139–156.

Montag Stiftung Urbane Räume gAG, Montag Stiftung Jugend und Gesellschaft (2011) (Hrsg.): Vergleich ausgewählter Richtlinien zum Schulbau – Kurzfassung. Heft 1, Reihe: Rahmen und Richtlinien für einen leistungsfähigen Schulbau in Deutschland.

Montello, D. R. (1988): 'Classroom Seating Location and its Effects on Course Achievement, Participation, and Attitudes', Journal of Environmental Psychology 8: 149–157.

Moos, R. H. (1979): Evaluating Educational Environments, San Francisco, Washington. London: Jossey-Bass Publishers.

Müller, W. (2008): 'Der Lehrer auf der Bühne des Klassenraums. Wirkungen der Raumregie', Pädagogik 60 (11): 26–30.

Prosansky, E./Wolfe, M. (1974): 'The physical setting and open education', School Review, 82: 557–574.

Rittelmeyer, Chr. (2010): ‚Wie wirkt Schularchitektur auf Schülerinnen und Schüler? Ein Einblick in Ergebnisse der internationalen Schulbauforschung'. In: Stadt Zürich – Schulamt (Hrsg.): Gestaltung von Schulbauten. Ein Diskussionsbeitrag aus erziehungswissenschaftlicher Sicht. Zürich.

Rödder, K./Walden, R. (2013): Die Interaktion zwischen Menschen und Schulraum aus psychologischer Perspektive. In: Kahlert, J./Nitsche, K./Zierer, K. (Hrsg.): Räume zum Lernen und Lehren. Perspektiven einer zeitgemäßen Schulraumgestaltung. Bad Heilbrunn, S. 23–34.

Sacher, W. (2006): Didaktik der Lernökologie. Lernen und Lehren in unterrichtlichen und medienbasierten Lernarrangements. Bad Heilbrunn: Klinkhardt.

Sacher, W. (2000): Proxemik im Klassenraum. Studien zu Nähe und Distanz im Schulalltag. SUN-Reihe Nr. 11. Nürnberg.

Sacher, W./Stadler-Altmann, U. (2006): SELF – Selbstkonzept fördern durch lehrplankonforme Förderung. Bericht über die Durchführungsphase. 01.10.2005–31.10.2006, unveröffentl. Forschungsbericht, 250 S.

Sanoff, H. (1994): School designs, New York: Wiley.

Sanoff, H. (1996): 'Designing a responsive school', The School Administrator 53 (6): 18–22.

Sanoff, H./Walden, R. (2012): 'School Environments'. In: S. Clayton (ed.): 15th Chapter in The Oxford Handbook of Environmental and Conservation Psychology. New York: Oxford University Press (OUP), pp. 276–294.

Scheunpflug, A./Stadler-Altmann, U./Zeinz, H. (2012): Bestärken und Fördern. Wege zu einer veränderten Lernkultur in der Sekundarstufe I. Seelze: Klett Kallmeyer.

Sommer, R./Olson, H. (1980): 'The soft classroom', Environment and Behavior 12 (1): 3–16.

Stadler-Altmann, U. (2013): ‚Lehren und Lernen in gebauter Umgebung. Anmerkungen zur medialen Nutzung des Klassenraums'. In: K. Westphal/B. Jörissen, (Hrsg.): Vom Straßenkind zum Medienkind. Raum- und Medienforschung im 21. Jahrhundert. Weinheim: Juventa, S. 176–196.

Stadler-Altmann, U. (2010): Das Schülerselbstkonzept. Eine empirische Annäherung. Bad Heilbrunn: Klinkhardt.

State Victoria (Department of Education and Early Childhood Development) (2011): Research into the connection between built learning spaces and students outcomes. Literature review. Paper No. 22 www.education.vic.gov.au [Dez. 10th 2013].

Steele, F. I. (1973): Physical settings and organisation development. Reading MA: Addison-Wesley.

Tagliacollo, V. A./Volpato, G. L./Pereira Junior, A. (2010): 'Association of student position in classroom and school performance', Educational Research vol. 1 (6): 198–201.

Tanner, C. K./Lackney, J. A. (2006): Educational Facilities Planning. Leadership, Architecture, and Management. Boston, New York, San Francisco: Pearson.

Uline, C. L./Tschannen-Moran, M./DeVere Wolsey, Th. (2007): The walls still speaks: The stories occupants tell, Paper presented at AERA 2007.

Walden, R. (2009): Schools for the future. Design Proposals from Architectural Psychology. Cambridge, Göttingen: Hogrefe&Huber.

Weinstein, C. S./Romano Mignano, A. J. (2011): Elementary classroom management. Lessons from research and practice. New York: McGraw-Hill.

Weinstein, C. S. (2007): Middle and Secondary classroom management. Lessons from research and practice. New York: McGraw-Hill.

Westphal, K. (2007) (Hrsg.): Orte des Lernens. Beiträge zu einer Pädagogik des Raumes. Weinheim, München: Juventa.

Woolner, P. (2010): The Design of Learning Spaces, London, New York: continuumbooks.com.

Woolner, P./Clark, J./Laing, K./Tiplady, L./Thomas, U. (2013): Teachers Preparing for Changes to Learning Environment and Practices in a UK Secondary School. Paper presented at ECER 2013, Istanbul.

Woolner, P./Clark, J./Laing, K./Thomas, U./Tiplady, L. (2012): 'Changing Spaces: Preparing Students and Teachers for a New Learning Environment', Children, Youth and Environments 22 (1): 52–74.

Woolner, P./McCarter, Sh./Wall, K./Higgins, St. (2011): Changed Learning Through Changed Space. When can a Participatory Approach to the Learning Environment Challenge Preconceptions and Alter Practice? Paper presented at AERA 2011.

Woolner, P./Clark, J./Hall, E./Tiplady, L./Thomas, U./Wall, K. (2010): 'Pictures are necessary but not sufficient: Using a range of visual methods to engage users about school design', Learning Environment Research, 13: 1–22.

Woolner, P./Hall, E./Wall, K./Dennison, D. (2007): 'Getting together to improve the school environment: user consultation, participatory design and student voice', Improving Schools, 10: 233–248, http://imp.sagepub.com/content/10/3/233 [Zugriff am 11.10.2015].

5 Adapting School Premises as Part of a Complex Pedagogical Change Programme

Pamela Woolner and Lucy Tiplady

Kurzfassung

In diesem Kapitel werden die Erfahrung einer englischen Grundschule mit dem Open Future-Programm (2011–2013) dargestellt. Open Future ist ein tätigkeitsorientiertes und erlebnisbasiertes Lernprogramm für Grundschulen (http://www.openfutures.info/index.htm), das Veränderung im pädagogischen Konzept und im schulischen Lehrplan anregt und unterstützt. Vier integrierte Handlungsansätze sind für das Programm kennzeichnend: „pflanz' es" (growit), „koch' es" (cookit), „film' es" (filmit) und „frag' es" (askit – Philosophie für Kinder). In unserer Evaluation kann gezeigt werden, dass das Open Future-Programm seinen Ansprüchen gerecht wird und einen schnellen Wandel der Schulkultur und der pädagogischen Kultur der Schule zur Folge hat. Wir haben den Wandlungsprozess in einer Schule begleitet und in drei Schulbesuchen, strukturierten Interviews mit den Schulleitern, visualisierten Interviews mit Schülergruppen und Daten zum Schul- und Lernerfolg der Schülerinnen und Schüler dokumentiert. Die Gestaltung der physischen Lernumgebung war dabei ein zentraler Aspekt des Projekts, der andere Veränderungsprozesse in Gang gesetzt hat. Konkrete Ergebnisse des Programms waren erste räumliche Anpassungen, um neue Lernerfahrungen zu ermöglichen, und erste, dementsprechende Änderungen im Lehrplan, Personalplan und Stundenplan.

Abstract

This paper presents the experience of a UK primary school that participated in the latest wave of the Open Futures programme (2011–2013). Open Futures is a skills and enquiry based learning programme, (http://www.openfutures.info/index.htm), for primary schools, which intends to facilitate change in pedagogy and curriculum. There are four integrated strands: growit; cookit; filmit; and askit (Philosophy for Children). Our recent evaluation suggested the notable success of Open Futures in facilitating rapid whole school cultural and pedagogical change. Here we consider the process of change enacted in one school. This was revealed through three school visits, structured interviews with the head teacher, visually mediated interviews with a sample of students and the collection of other available data relating to student and school outcomes. The physical environment was an important part of the change this school experienced, with various effects and roles evident at different points in the process. Initial physical adaptations to facilitate new learning experiences were tangible signs of the programme, linked to other early changes made to curriculum, staffing and timetables. Then, as the programme developed, these specific learning environments contributed both to embedding the changes already made and facilitating further developments.

Acknowledgement: This chapter was first presented as part of a symposium at ECER 2014, Porto, 2–5 Sept., 2014: 27 SES 04 A

5.1 Introduction

As has been discussed elsewhere by a number of scholars, the evidence base relating to the absolute impact of the physical setting on learning is complex (Gislason 2010; Woolner et al. 2007; Weinstein 1979). Although the physical environment does not determine educational activities, there is evidence of a relationship between school setting and the activities that take place there (Horne-Martin 1999, 2002) and research tends to suggest that different settings facilitate some pedagogical and social practices while hindering others. For example, in classrooms organised in a traditional manner, there tends to be a more teacher-centred approach to learning with less student collaboration (Sigurðardóttir & Hjartson 2011). This relationship of the school environment to practices has suggested to some educators and school leaders that changing the physical setting is an effective way of initiating or supporting change (e. g. Briggs 2001). Yet the results of such environmentally-led change are mixed. Sometimes changes to the physical setting facilitate other development (Uline et al. 2009), but classroom space can be changed quite dramatically without much resulting change in pedagogical practices (Bennett et al. 1980).

It is suggested that the way that change is imposed or enacted, and specifically the extent to which it is 'bottom-up' and participatory may be important to success and sustainability (Woolner et al. 2012). Genuine involvement of staff, students and others may contribute to the school passing from the initiation and implementation stages of change to what Fullan terms the 'institutionalization' stage where change is thoroughly embedded (Fullan 2007). Such an understanding can be accommodated within theories of educational change that conceive of social situations as comprising differing types of system from the individual to the cultural, each with their own constraints and affordances (Priestley 2011).

In exploring the contribution that the physical setting can make to educational change, it is clearly important to relate the physical space to the other elements of the learning environment provided by the school. The conceptual framework proposed by Gislason for understanding learning environments both categorises these elements into four aspects and suggests their dynamic interaction. His model has four components: staff culture; student characteristics; 'organisation', comprised of aspects such as timetabling and curriculum; and 'ecology', comprised of physical and technological resources (Gislason 2010: 129). Although Gislason's research work in three US secondary schools investigated the schools at a particular time and was not a study of change, his observations throw light on how innovative pedagogical approaches can either thrive or fade away (see also Gislason 2015).

This case study presents an instance of relatively successful educational change as enacted and experienced by one school involved in a programme of enquiry and skills based learning, Open Futures, that we evaluated recently. Our evaluation suggested the notable success of Open Futures across the seven schools examined in facilitating rapid whole school cultural and pedagogical change. Here we consider the process of change enacted in one school, looking at developments over two years from initiation through implementation to a judgement about institutionalisation, in relation to the elements of Gislason's framework.

5.2 Open Futures at Southside School[1]

5.2.1 The School

Southside Primary School is predominantly two form entry with 420 pupils on roll (2013–14), making it a slightly above an average sized primary school in UK terms. It is located in a city in the north east of England that has seen a trend of de-industrialisation and rising unemployment over the last decades. The ward served by the school is in the top 5% most deprived areas of the UK, as is the wider city. Generally around half the students are eligible for Free School Meals (FSM), with the percentage of pupils eligible the year of our evaluation standing at 48.5%, which is in excess of twice the national average of 18.3% (for 2013). Pupil Mobility is around 23%, which is above both local authority (LA) and national averages, and in the past six to seven years the school has experienced a dramatic increase in the number of pupils for whom English is an Additional Language (EAL), with 23 languages now spoken in school; EAL is currently around 18%, which is above LA averages but consistent with national averages.

5.2.2 Open Futures evaluation

Open Futures is a skills and enquiry based learning programme (http://www.openfutures.info/index.htm) for primary schools, which intends to facilitate change in pedagogy and curriculum. There are four integrated strands: growit; cookit; filmit; and askit (Philosophy for Children). The Centre for Learning and Teaching, at Newcastle University, have conducted evaluations of this programme for the Helen Hamlyn Trust since 2006. The most recent phase of

---

1   Southside School is a pseudonym in order to maintain anonymity of staff and pupils.

evaluation sought to understand the impact of Open Futures in the 2011–2013 Curriculum Partnership schools and to understand how these impacts were achieved.

Through collaborative research with participating schools the research team used a 'Theory of Change' framework (Dyson/Todd 2010) to establish rationales for change in each context and to plan for the collection of quantitative and qualitative data to evidence change as it happened. Data included a combination of school collected evidence (such as curriculum and organisational documentation, school statistical data, parent and pupil questionnaires) and researcher collected evidence (such as interviews with staff and pupils and a staff questionnaire issued to all schools). Each school received three visits from the evaluation team when interviews were conducted and tours were taken of the school premises. At Southside during these visits we conducted semi-structured interviews with the head teacher and one other teacher, met other key staff, and used visually mediated interviews to talk with small groups of pupils about their experiences of the programme.

5.2.3 Initiation

Southside had previous gardening experience through connections with the RHS and had seen the benefits for pupils, but had little or no history of using the other strands as vehicles for learning. The school decided to get involved with the Open Futures programme and committed itself to the two years of initial training and development to take place during 2011–12 and 2012–13. This included making a financial contribution to the costs of training. The additional commitment of staff time and inclusion within school planning came under some pressure when Southside was inspected in September 2012 by the UK's Ofsted service and it was judged that the school 'requires improvement'.

The head teacher was excited by Open Futures as a means through which the school could widen their curriculum, providing a range of new and engaging experiences for pupils. The school particularly valued the opportunity to increase pupils' knowledge of the world and develop skills with real life application and purpose; it was anticipated that this would result in a more engaging curriculum that would excite pupils' curiosity and motivate learning. The intention was that by drawing on the training and on-going support offered, teachers would be able to use the four strands as a basis for planning the curriculum and develop clear progression of skills. It was hoped that, in time, this would result in increases in attainment, as required by Ofsted, and the development of independent learning skills that could be applied across the curriculum and beyond.

It was additionally intended that Open Futures would provide opportunities for extending parental engagement. The school had previously seen successes in involving parents in gardening activities and hoped that the other strands would similarly engage parents and lead to a dialogue with the school and their children about learning. It was hoped that this, together with engaging pupils, would lead to improved attendance, particularly for a target group of pupils for whom attendance was a persistent issue.

5.2.4 Implementation

In common with the other schools involved in our evaluation, Open Futures at Southside acted as a catalyst for immediate tangible changes that the school was intending or aspiring to make in curriculum content (organisation), development of physical space (ecology), enterprise, and community links (staff culture and student milieu). This was seen in the finding and organising of physical space for the programme, new topics added to the curriculum to build links between strands and with existing content, and open days to showcase gardening and involve parents. Strand leads were appointed for each strand. The head teacher also ensured that Open Futures was on the agenda for school and governors meetings, and adapted budgets and staff deployment to accommodate and resource the programme.

Fig. 1: Visible growing space developed

(Pamela Woolner)

Specifically, growing areas were extended and developed throughout the school grounds, enabling easy access for all classes and planting in tyres and pots to maximise the use of space and ensure high visibility (see figure 1). Southside developed an existing mobile classroom into a cooking space with adjoining classroom, and space was found for filimit, in a classroom now devoted to filmit and music, allowing easy access to resources and additional space for activities (see figure 2).

Fig. 2: Mobile classroom converted for cooking (left) and space allocated to
filmit (right)

(Pamela Woolner)

Southside staff got involved in the programme as a school initiative. There
was some pre-existing knowledge among staff members but this was diverse
and not integrated. A teacher commented, "I've taught children about growing
plants, cooking meals. Not under the OF banner."

Although some had prior experience or skills in a particular strand, many
did not and were reliant on the Open Futures training to up-skill themselves
as well as learning specific teaching techniques relevant to the strands. Our
wider evaluation demonstrated that school staff across the schools were very
impressed with the initial training they received. The Southside head teacher
commented, "It is what I always envisaged this school to be but it only happened because of the training available with Open Futures [...] Open Futures
was that key that unlocked the opportunity to make that come true."

Both pupils and staff at Southside were enthusiastic about Open Futures.
Pupils commented that they value learning new skills that they can then use at
home and in the future, as well as appreciating the strands as 'fun', 'exciting',
'different' and 'messy'. In terms of enjoyment pupils rated cookit and filmit
particularly highly. Staff believe that this enjoyment is significant in engaging
children in learning and reported that behaviour was particularly good during
Open Futures sessions. As anticipated, the Open Futures activities provided a
context for other learning:

> "What we do know is that it tends to be the Open Futures things that children
> remember having done you know, so if you say to them you know we were
> talking about gasses and you say to them remember when we did that and it's
> the yeast activity in the cookery room they tend to remember." (head teacher)

It appears that the integration of diverse skills and experiences can enhance the
transfer of understanding between situations, but this seems to happen initially
because of explicit linking of strand and curriculum knowledge and skills. In a
questionnaire comment, made in spring of the second year of the programme, a
Southside teacher explained that s/he was involved in the following curriculum
development: "Plan strands into the year 2 curriculum. Try to fit NC & OF into
a timetable. Each term we try to incorporate each strand into the topic."

Over time, however, the links between the elements of Open Future and with the wider school curriculum have become more seamless, although there are still recognisable Open Futures activities, often taking place in the explicitly Open Futures spaces described above.

Southside also hoped to use the Open Futures programme to enhance school-home links. This was envisaged to include improving engagement of all parents with school activities and their child's learning, as well as tackling the poor attendance of some specific pupils. The school organised a number of events relating to Open Futures, particularly to the growit strand, such as planting and making scarecrows, and a 'Farmers Day' to showcase pupils' produce and achievements over the year. Southside reported small increases in parental attendance at such events, although there was still concern expressed about parents' reluctance to be more actively involved. Anecdotally, staff hear from parents that Open Futures activities are often talked about at home, that children are excited and motivated and often want to share these experiences with their families. Some children and parents report extending these activities at home, with examples of gardening, practising recipes learnt in school and making films. Student comments included:

"My Granddad applied to do the allotment and now I can help him."

"You can take it home and show your family and then do it at home."

"We filmed each other when we were learning about the Vikings, then I filmed my sister at home."

As part of a strategy to address the needs of pupils at risk of becoming persistent absentees, school staff engaged with specific parents. These parents report that growing, cooking and filming activities in particular were influential in making the children 'want to come to school'. The overall strategy has been extremely effective with 29 of the original 45 pupils now achieving good attendance.

5.2.5   Institutionalisation

After two school years involved in the Open Futures programme a number of changes had occurred at Southside. The integration and mutual dependence of these developments, together with the evident enthusiasm of the head teacher and other staff, suggested to us that these were indeed signs of a deeply embedded change in pedagogy and culture.

When the school level indicators showed small, but positive, change the head was cautious, but proposed that there could be a link between raised attainment and the programme:

"I believe looking at the work they've done in preparation for their SATs I do believe we are going to get our best reading results with lots of level 5's and that's because the quality of those responses for the higher level questions are improved because of the way they now think and interpret information and I don't think it's any coincidence that they've had this experience and that we have made quite a significant leap." (head teacher)

She was further convinced of the efficacy of Open Futures because, as she pointed out, implementing such a programme may in the short term put outcomes under pressure:

"[…] for attendance to make slight gains and for attainment as measured in SATs etc to hold steady at a time of curriculum change, i.e the implementation of O.F strands, is in itself noteworthy because change which involves everyone learning new skills and finding ways to include them across the curriculum could have been a disruption that caused a dip in these measures until it became embedded in practice. I think that it is a tribute to the quality of the training and to the staff of all the schools that this did not happen." (head teacher, email, 27.1.14)

This suggests change within practices and understanding at Southside (staff *culture and student milieu*), but it is evident that these more intangible developments are bolstered by embedded changes to curriculum, staff training and the school environment (organisation and ecology). For example, training of Southside staff in askit ensures that this strand is an integral part of learning from Foundation Stage through to Year 6. The physical environment is also important to the school's development of askit. In addition to developing skills and exploring topics in lessons, supported by class specific displays, pupils are encouraged to use the 'wonder tree' (see Figure 3). This is located in a well-used corridor and is a means through which pupils can ask their own questions and offer answers across the school. It has proved to be a popular resource, facilitating reflections and conversations across year groups, and also functioning as a permanent reminder of askit.

Fig. 3: The 'wonder tree' for sharing questions (left) and other Open Futures display

(Pamela Woolner)

Meanwhile, although the teacher comments reproduced below show the challenges of developing the programme, they also suggest awareness of constraints and affordances in terms of the organisation of staff and space:

> "Important to learn about ever changing technology. Unfortunately, it will be out of date very quickly. We need continuous training." (CPD)

> "Always need more adults (better quality teaching because you can have smaller groups. If TAs are ill/taking other intervention projects the lessons have to be rearranged or abandoned. Timetabling diff. Bad weather caused havoc in the garden. No space in classroom for trays or seedlings."

Overall, Southside is committed to Open Futures as a permanent part of the school curriculum and life; it is convinced of the benefits in providing a context and purpose for learning, together with the skills necessary for independent enquiry, and believes that pupils are making good progress towards these aims.

5.3   Understanding change enacted through Open Futures

At Southside, as well as in the other schools involved in our evaluation of Open Futures, we observed initial physical alterations and organisational changes becoming established, being further developed, and helping to embed Open Futures activities in the life of the school. We observed less sense of individual strands and more talk of an Open Futures way of doing things. Open Futures may be less explicitly referenced in school planning, because it is now so accepted and is firmly rooted in protected budgets and staffing. During the later interview and in subsequent email communication, the head teacher described how the changes due to the programme enable better learning processes and teaching practices to continue to develop. The model that we developed of this cyclical development within Open Futures schools (figure 4) summarises the changes at Southside.

Fig. 4: Model of Open Futures change process

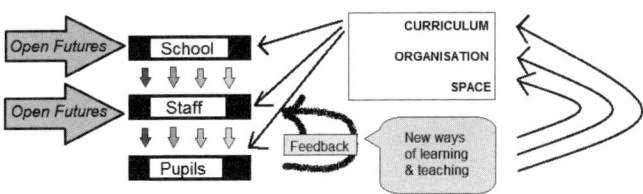

(Pamela Woolner)

Staff professional development through Open Futures enabled teachers at Southside and the other schools to make the strands and activities their own. Open Futures tends to embed collaborative practices between staff members, enhancing curriculum coherence and pastoral care across the school. As seen at Southside, once Open Futures is established, there is on-going, mutually dependent development of curriculum, organisation and space. In this and other ways, Open Futures strands are integrated with the wider curriculum and this integration is embedded in physical space, particular activities and ways of learning.

Applying Gislason's model of learning environments to the case of Southside we can see developments within all four elements as detailed above in the case study. The coherence between these changed elements, provided by the Open Futures programme, suggests that the overall environment will be harmonious, rather than in tension, contributing to the success of the change. The four elements of Gislason's model are also evident in our model of change: 'organisation' of people and time together with 'curriculum' align to his organisation, while the development we noted of 'space' is an aspect of his ecology. The 'new ways of learning and teaching' suggest changes to staff culture, which the Southside head argued were both cause and effect of enhanced learning potential among the students, a key part of student milieu. It seems important, however, to note the dynamic relations between these elements. As suggested by our model, the elements are not just all present and cohering, they are also interlinked, with change to one element enabling or even driving change to others. This understanding may partially explain how Open Futures succeeded in Southside, and indeed in other schools involved in the programme. Furthermore Gislason's model could be adapted specifically to Open Futures and used by schools to plan and chart their progress.

However, looking outwards, the relative success of Open Futures, which is evident across schools that have been involved over the years, leaves some puzzles remaining. The research evidence base on educational change clearly concludes that whole school change is difficult and takes considerable time (Fullan 2007; Thomson 2007). Fullan suggests that the 'institutionalisation' of an initiative which is required to underpin long-term change can take 2–4 years for 'moderately complex changes', while larger scale school change might take as long as 5 to 10 years (Fullan 2007: 68). However Open Futures tends to produce immediate changes and be sustained: changes are evident in schools years after initial training, with the effects on the curriculum underpinned by changes to school planning, budgeting and physical space. Furthermore this achievement occurs in the context of contemporary school teaching and management in England, where there are many and varied projects and initiatives emanating from the Department for Education, Local Authorities, charities and organisations; all are competing for attention within a tightly packed curriculum, requirements for explicit tracking of pupil progress against national norms, and an inspection regime that is experienced as stressful and adversarial.

In Priestley's terms (see Priestley 2011 for discussion of his agency, structure, culture framework), Open Futures may at first appear to be enacted mainly at the structural level, which his own and other research suggests is rarely sufficient. For example, he describes relatively superficial structural changes intended to facilitate curriculum innovation but limited by prioritising 'externally visible structures rather than addressing underlying practices' and making changes that are 'viewed in largely organizational rather than pedagogic terms' (Priestley 2011: 13). Similarly, Szczesiul and Huizenga criticize two schools they studied that "created structures [...] [to support the desired change in teacher behaviour] [...] but failed to create a cultural context that would bolster teacher efficacy and motivation" (2014: 184).

We would like to argue that, contrary to a cursory view, detailed examination of the change process at Southside, and other Open Futures schools, reveals changes at the levels of individual agency and culture, in addition to the many structural changes described above. The Open Futures support and community provides a culture within which school staff can situate and understand the structural changes. The distinctiveness of this culture from the prevailing culture in English education appears to enhance the agency of school leaders, as demonstrated by the Southside head teacher. For example, she explains the school's commitment to the programme in the following terms:

> "It's again holding on to what we firmly believe is a good model for these children to learn, even if they have to learn the facts and figures there's more to it than that, it's the story behind those facts and figures and I think this (Open Futures) will stand them in good stead for working through that curriculum whatever it looks like … because we've started to get this independent learning and thinking it will stand us in really good stead for the changes that are going to come." (head teacher)

Meanwhile, the practical development of the programme depends on devolving responsibility to staff, tending to enable individual agency in making progress with their part of the programme: this is seen in allocation of strand leadership roles to staff, mainly but not exclusively to teachers, and in increased involvement of teaching assistants in developing specific strands. It would appear to be in this way that Open Futures follows the suggestion of the literature of the importance of participatory processes that involve a range of actors in decision-making.

Another, related, way to understand the success of Open Futures in effecting change is to return to the three elements of successful school change identified by Fullan: being embedded in school structures, having a critical mass of school staff trained and committed, and having a procedure for continued support (Fullan 2007: 102). It is clear that the 'institutionalisation' of Open Futures, and the earlier stages evident in the Southside case study, exemplify these three elements, which can be seen as operating within each of the structural, agency and cultural systems of the school situation.

What is additionally notable, however, about the change enacted through Open Futures is the centrality of the physical environment through the stages of development. As described above in the case of Southside, the programme had some clear initial requirements for physical changes to be made, most specifically for the growit and cookit strands. Once complete these spaces facilitate the early curricular and pedagogic developments, but also enable progress towards further integration within the strands and with the existing curriculum. In addition, these spaces provide a tangible reminder of new intentions and values: in finding classroom space for filmit, the Southside head signalled her belief in this as valuable learning as well as providing a base for the strand. As the head teacher of a school that had been recruited in an earlier wave of Open Futures summed up their sustained involvement:

> "If you've got that infrastructure, you can use it and you want to use it don't you?" (head teacher, School A)

To conclude, in Southside, and in other Open Futures schools, change in parts of the physical school setting and the inclusion of specific features was able to produce change in learning and social practices. The case study investigation of this process of the environment affecting practice has revealed concurrent developments in organisational structures, teacher and learner roles and the resulting culture of education in these schools, which can be understood with reference to various theories of educational change. These suggest how certain characteristics of the Open Futures programme seen to have contributed to its success, but leave space for us to note the vital ingredient of change to the physical setting within a context where that setting is understood as part of the pedagogical, cultural and organisational whole that is the school learning environment.

References

Bennett, N., Andreae, J., Hegarty, P., & Wade, B. (1980). Open plan schools. Windsor: Schools Council Publishing/NFER.

Briggs, A. (2001). Managing the Learning Environment In Middlewood and Burton (Eds.) Managing the Curriculum. London: Sage.

Copa, G. H. & Pease, V. H. (1992). A new vision for the comprehensive high school. Preparing students for a changing world. St. Paul, MN: University of Minnesota

Dyson, A. and Todd, L. (2010) Dealing with complexity: theory of change evaluation and the full service extended schools initiative, International Journal of Research & Method in Education, 33(2): 119–134.

Horne, S. C. (1999). Classroom environment and its effects on the practice of teachers. PhD thesis, University of London.

Horne-Martin, S. (2002). The classroom environment and its effects on the practice of teachers. Journal of Environmental Psychology 22(1–2): 139–156.

Fullan, M. (2007). The New Meaning of Educational Change (4th Ed) New York/ Abingdon: Routledge.

Gislason, N. (2010). Architectural design and the learning environment: A framework for school design research Learning Environments Research, 13, 127–145.

Gislason, N. (2015). The open plan high school: educational motivations and challenges. In P. Woolner (Ed.) School Design Together. Abingdon: Routledge

Priestley, M. (2011). Schools, teachers, and curriculum change: A balancing act? Journal of Educational Change, 12: 1–23

Sigurðardóttir, A. K. & Hjartson, T. (2011). School buildings for the 21st century. Some features of new school buildings in Iceland. CEPS Journal, 1(2): 25–43.

Szczesiul, S. and Huizenga, J. (2014) The burden of leadership: Exploring the principal's role in teacher collaboration Improving Schools, 17(2): 176–191.

Thomson, P. (2007). Whole school change: a review of the literature. London: Arts Council England.

Uline, C. L.et al. (2009). The walls still speak: The stories occupants tell. Journal of Educational Administration, 47(3): 400–426.

Weinstein, C. S. (1979). The physical environment of the school: A review of the research. Review of Educational Research, 49(4): 577–610.

Woolner, P., Hall, E., Wall, K., Higgins, S., & McCaughey, C. (2007). A sound foundation? What we know about the impact of environments on learning and the implications for Building Schools for the Future. Oxford Review of Education, 33(1): 47–70.

Woolner, P., McCarter, S., Wall, K., & Higgins, S. (2012). Changed learning through changed space: When can a participatory approach to the learning environment challenge preconceptions and alter practice? Improving Schools, 15: 45–60.

6 Educational Governance-Strategien im öffentlichen Schulbau

Bettina-Maria Gördel

Kurzfassung

Der Beitrag überträgt das Governance-Konzept als verwaltungspolitisches Konzept einerseits und als Analysekonzept andererseits auf den Themenbereich des öffentlichen Schulbaus. Er führt in die Facetten des Governance-Begriffs ein und zeigt daran die Steuerungsmöglichkeiten einer Educational Governance von und durch Schularchitektur auf. Sie werden in die Ergebnisse zu den Wirkungen von Schularchitektur eingeordnet. Anhand der Schulbaurichtlinien wird analysiert, inwieweit diese Governance-Strategien von den Bundesländern schon genutzt werden. Ebenso werden die Aktivitäten der gesellschaftlichen Akteure im öffentlichen Schulbau unter dem Blickwinkel der Educational Governance untersucht. Abschließend werden die Entwicklungspotentiale einer Educational Governance von und durch Schularchitektur vorgestellt.

Abstract

This chapter applies the concept of governance – i. e. the public policy approach on the one hand and the analytical concept on the other hand – to the policy area of school building planning. Using the governance approach, it presents strategies to regulate school systems through "governance 'of' and 'by' school architecture". These approaches are considered in the context of the effects of school architecture. By analysing official school construction guidelines the extent to which the presented governance strategies are implemented within the German Länder are explored. Similarly, the activities of social actors are examined within the area of school building planning. Finally, the possibilities of development of an "educational governance 'of' and 'by' school architecture" are presented.

6.1 Einleitung: Governance und Schulbau

Wenn es um die staatlichen Einflussmöglichkeiten auf das Verhalten von Menschen geht, ist der Governance-Begriff als verwaltungspolitisches Konzept in aller Munde. Daher ist die Übertragung des Governance-Begriffs auf die Strategien im öffentlichen Schulbau[1] nicht so weit her gegriffen, wie es im

---

[1] Im Folgenden werden die Begriffe Schulbau und Schularchitektur synonym genutzt. Es wird allerdings von einer Governance von und durch Schularchitektur gesprochen, um den ästhetisch-pädagogischen Gesichtspunkt dieser Governance-Strategie gegenüber den bautechnischen Aspekten, die eher im Begriff Schulbau zum Ausdruck kommen, hervorzuheben.

ersten Augenblick vielleicht scheinen mag. Governance ist ein vielschichtiger Begriff, dessen unterschiedliche Facetten sich auch zur Analyse und kritischen Diskussion der Governance-Strategien im öffentlichen Schulbau anbieten. Hier erweist sich als Stärke von Governance als interdisziplinärem Brückenbegriff und Forschungsperspektive, unterschiedliche wissenschaftliche Disziplinen und deren Theorien, Analyseansätze und Forschungsmethoden heranziehen zu können, um einem Forschungsgegenstand gerecht zu werden (vgl. Schuppert 2008, 2005; Benz u. a. 2007).[2]

Um die Möglichkeiten einordnen zu können, die dem öffentlichen Schulbau zur Umsetzung schulpolitischer Governance-Strategien mittels einer „Educational Governance *von* und *durch* Schularchitektur"[3] zur Verfügung stehen, wird zunächst auf den Governance-Begriff und das Governance-Konzept als Analyseperspektive eingegangen. Diese werden sodann auf den Schulbau als „materiell-immaterielle[s]" (Göhlich 2009: 90) Einflussmöglichkeit zur Umsetzung schulpolitischer Ziele bezogen. Dabei werden Einflüsse sowohl der Architektur- und Raumpsychologie, -geschichte, -philosophie und -anthropologie als auch die von ideologiegeschichtlichen, politischen und schulpädagogischen Strömungen thematisiert. Vor diesem Hintergrund werden die Potentiale von Governance-Analysen historischer Schulbauten für den heutigen Schulumbau aufgezeigt, bevor diese in den größeren Zusammenhang heutiger schularchitektonischer Strategien gestellt werden. Ein Ausblick auf Vorstellungen von öffentlichem Schulbau in der Zukunft rundet den Beitrag ab.

6.2 Begriffsklärung: Educational Governance von und durch Schularchitektur

Der Governance-Begriff ist vielfältig besetzt. Seine Facetten umfassen deskriptiv-normative, (verwaltungs)politische sowie analytische Aspekte. Zu ersteren ist auch der Schulbau als staatlich regulierter Bereich zu zählen. Die Aspekte beschreiben zwei Entwicklungen, die mit dem Governance-Begriff verbunden werden und einander notwendigerweise bedingen. Dies ist einerseits die veränderte Rolle des Staates bei der Regelung sozialer Sachverhalte und andererseits ein verändertes sozialwissenschaftliches Verständnis von

---

2 Rittelmeyer (2009) nennt in seinem Beitrag verschiedene Forschungsansätze und Evaluationsmethoden zur Analyse von Schularchitektur, die für eine Governance-Analyse von Schulbauten genutzt werden können (vgl. auch Rieger-Ladich/Ricken 2009).

3 Vgl. Schuppert (2011), der analog von einer Governance von und durch Verwaltungsreformen oder einer Governance von und durch Wissen (Schuppert/Voßkuhle 2008) spricht.

Formen der kollektiven Problemlösung und ihrer wissenschaftlichen Analyse. Im Folgenden wird sich an eine Educational Governance von und durch Schularchitektur entlang der vorgenannten Aspekte und Entwicklungen angenähert.

6.2.1 Deskriptiv-normative Governance und Good Governance

Die veränderte Rolle des Staates bei der Regelung sozialer Sachverhalte kommt in der deskriptiv-normativen[4] Verwendung des Governance-Begriffs zum Ausdruck. In den staatlichen Regelungssystemen nimmt der Staat häufig keine zentrale Stellung mehr ein, weil ihm der notwendige Einfluss und die hierarchische Durchsetzungsmacht fehlen. Daher steht Governance schlechthin für anti-hierarchische Regelungsformen, derer sich der Staat in den letzten Jahrzehnten immer mehr bedient, oder sogar für „einen grundlegenden Wandel von Staatlichkeit" (von Blumenthal 2005: 1166). In diesem Zusammenhang wird Governance auch als *„Gegenbegriff"* (Mayntz 2004: 66) zu den hierarchisch-linearen Steuerungsansätzen verwendet. Ebenso verweist der deskriptiv-normative Governance-Begriff über den Staat als alleinigem Steuerungsakteur hinaus auf die vielfältigen anderen Akteure, die ein Regelungssystem mit ihren Handlungen intentional und transintentional beeinflussen. Um seinen Einflussbereich auszuweiten, kooperiert der Staat mit den gesellschaftlichen Akteuren und greift auf kulturell-institutionelle Governance-Strategien zurück (vgl. Jann/Wegrich 2004). Eine dieser Möglichkeiten, über die der Staat diese Strategien umsetzen kann, ist eine Governance von und durch Schularchitektur (s. u.).

An den Wandel von Staatlichkeit und Governance als Gegenbegriff knüpft der normative Begriff von Governance an. Im Sinne einer Good Governance[5] steht er für Mindeststandards einer guten Regierungs- und Verwaltungsführung (vgl. Hill 2005). Von ihm leitet sich das praktische, (verwaltungs)politische Governance-Konzept als Regierungs- und Verwaltungsleitbild ab (vgl. Jann 2005; Schuppert 2011). Es betont die alternativen Formen des Regierens und Verwaltens zum Modus Hierarchie aus sozialethischen, rechtsstaatlichen, demokratietheoretischen und rein steuerungs-pragmatischen Gründen.

Da Schulbau Teil staatlichen Verwaltungshandelns ist, unterliegt er den allgemeinen Normen von Good Governance. Wie für jeden anderen staatlichen Regelungsbereich können auch für den öffentlichen Schulbau spezifische Good-Governance-Normen formuliert werden. Dieses Verständnis von Gover-

---

4 Das Adjektiv „deskriptiv-normativ" soll andeuten, dass sich der Wandel von Staatlichkeit sowohl empirisch beobachten lässt, als sich auch in den normativen Vorstellungen von Staatlichkeit wiederfindet.

5 Das Good Governance-Konzept der EU (Kommission 25.07.2001) enthält die fünf Grundsätze Offenheit, Partizipation, Verantwortlichkeit, Effektivität und Kohärenz.

nance im Bereich des öffentlichen Schulbaus ist Gegenstand des Abschnitts 6.4 sowie des Ausblicks auf zukünftige Vorstellungen von öffentlichem Schulbau. Zur Annäherung an diesen Forschungsgegenstand wird sich der analytischen Governance bedient.

6.2.2 Deskriptiv-analytische Governance

Aufgrund des Wandels der staatlichen Regierungsführung hat sich in den Sozialwissenschaften auch das Verständnis von Formen der kollektiven Problemlösung und ihrer wissenschaftlichen Analyse gewandelt (vgl. Mayntz 2005, 1987). Hier steht der deskriptiv-analytische Governance-Begriff für die strukturelle Koordination sozialer Handlungen zwischen interdependenten Akteuren in Systemen, Institutionen oder Organisationen. Formen der Handlungskoordination können die Governance-Modi Hierarchie, Markt/Wettbewerb, Selbstregelung, Netzwerk, Gemeinschaft, Assoziierung, Profession, Wissen und Kommunikation sein. In Verbindung bilden diese Modi Strukturen zur Regelung von Akteurszusammenhängen (Regelungsstrukturen). Als Governance-Regime wird ein gesamtes Regelungssystem zur Koordination der Handlungen von staatlichen, gesellschaftlichen und privaten Akteuren bezeichnet (vgl. Lange/Schimank 2004; Benz u. a. 2007).

Setzt man sich eine Untersuchung von spezifischen Regelungsstrukturen und ihrer Wirkung auf Akteurshandlungen, wie z. B. die der Governance von und durch Schularchitektur, oder gar eines gesamten Governance-Regimes zum Ziel, so wird Governance auch als Analysebegriff genutzt. Die dahinter stehende Analysefrage lautet, wie sich die Regelungsstrukturen aus den Modi zusammensetzen, um das durch sie konstituierende Governance-Regime charakterisieren zu können.[6] Die Governance-Perspektive ist mithin am gesamten Regelungssystem einer sozialen Einheit, d.h. einer Leistungsstruktur wie z. B. der Schule oder des Mehrebenensystems „Schulsystem", interessiert. Hierzu gehört es auch, die „endogene[n] Dynamik" (Benz u. a. 2007: 21) von Regelungsstrukturen und ihre nicht intendierten Effekte auf die Handlungslogiken der Akteure in Regelungs- und Leistungsstrukturen zu thematisieren. Denn gerade sie beeinflussen die tatsächliche Ausrichtung und schließlich auch die Effektivität eines Governance-Regimes. So hat z. B. die Schularchitektur der zweiten Hälfte des 20. Jahrhunderts entgegen ihrer Intentionen bei den Schülerinnen und Schülern häufig ein Gefühl der sozialen Kälte und Entfremdung und dadurch bedingt Entsolidarisierung und Vandalismus hervorgerufen (vgl.

---

6 Die Regelungsstrukturen werden dabei nicht nur auf die sie konstituierenden Governance-Modi, sondern auch auf die diese begründenden basalen Governance-Mechanismen der wechselseitigen Beobachtung, Beeinflussung und Verhandlung hin analysiert (vgl. Lange & Schimank 2004).

Klockhaus/Habermann-Morbey 1986). Solche nicht intendierten Wirkungen resultieren häufig aus Unkenntnis der Zielgruppe oder dem Fehlen grundlegender anthropologischer, psychologischer und soziologischer Kenntnisse seitens der Planer von Governance-Strategien. Dies trifft auch auf die Planung von (Schul-)Bauten zu (vgl. Bär 2008; Richter 2008). Daher werden bei einer Governance-Analyse auch die verschiedenen beteiligten Akteure, ihre Rolle, Intentionen, Normen und Einflussmöglichkeiten untersucht. Die hinter den Formen und Mechanismen stehenden Handlungslogiken der Akteure sollen aufgedeckt und Zusammenhänge zwischen Strukturen, Interessen und Interaktionen gefunden werden (vgl. Langer 2008).

Dieses Forschungsinteresse hat sich die Educational Governance zu eigen gemacht. Ihr Fokus liegt auf der Frage, wie die *zielorientierte* Handlungskoordination in einem Mehrebenensystem mit zahlreichen Akteuren wie dem Schulwesen erfolgt bzw. erfolgen kann. Vor diesem Hintergrund untersucht sie, wie die Schulqualität im Rahmen eines intentional eingerichteten Interdependenz- und Schnittstellenmanagements beeinflusst werden kann (vgl. Altrichter u. a. 2007). Die Bestandsaufnahme in Abschnitt 6.4 zeigt, dass auch eines der Probleme der heutigen Governance von und durch Schularchitektur ein mangelhaftes zielgerichtetes Schnittstellenmanagement ist.

6.3 Analyseaspekte: einer Educational Governance von und durch Schularchitektur

Ein Governance-Regime und seine Regelungsstrukturen bestehen nicht nur aus den klassischen Instrumententypen der Verwaltungspolitik wie „Recht/Regulierung", „Geld/ Finanzierung/Opportunitätsstrukturen" und „Überzeugung/ Informierung" (vgl. Braun/Giraud 2009), sondern immer auch aus kulturellen und institutionellen[7] Strukturen und Instrumenten zur Regelung der Akteurszusammenhänge (vgl. Schuppert 2005). Zu letzteren zählen auch die durch den öffentlichen Schulbau gesetzten Regelungsstrukturen. (Schul-)Architektur kann als eine „materiell-immaterielle[r]" (Göhlich 2009: 90) Regelungsstruktur charakterisiert werden, die Momente der klassischen Instrumententypen in sich vereint, wie sich im weiteren Verlauf zeigen wird. Diese Regelungsstruk-

---

7 In den Sozialwissenschaften (insbesondere im soziologischen Neo-Institutionalismus) werden Institutionen als ein (informales) kognitives System sozialer Regeln, Normen, Deutungs- und Handlungsmuster definiert. Sie haben die Funktion, das soziale Verhalten in eine bestimmte Richtung hin zu beeinflussen und eine soziale Ordnung zu konstituieren. Solche kognitiven Institutionen werden zum überwiegenden Teil nicht bewusst geschaffen, sondern sind das Resultat eines evolutionären und regelmäßigen sozialen Interaktionszusammenhanges, wie z. B. die Institution der Gastfreundschaft (vgl. Preisendörfer 2008; Schimank 2000).

tur kann sowohl vom Staat als auch von privaten und gesellschaftlichen Akteuren wie Lehrkräften, Eltern, Architekten oder pädagogischen Gruppierungen gestalterisch beeinflusst und intentional genutzt werden. Die einen zielen auf den Schulbau als architektonisch wirkende Anlage, die anderen auf den pädagogisch gestalteten Raum. Eine Symbiose von Architektur und Pädagogik käme einer idealtypischen Governance im öffentlichen Schulbau gleich, die die jeweiligen Wirkungen bewusst zur Unterstützung von Lernen und Lehren nutzt. Das von L. Malaguzzi geprägte Sprichwort, dass der Raum als „dritter Pädagoge" neben Mitschülern und Lehrerkraft wichtige pädagogische Funktionen übernimmt, weist auf diesen Zusammenhang hin (vgl. Seydel 2012).

Der Einsatz von Schularchitektur als Medium der Handlungsbeeinflussung kann auch als eine Educational Governance *von* und *durch* Schularchitektur bezeichnet werden. Nach Schneider und Kenis (1996)[8] geschieht die Governance von sozialen Handlungen durch deren Kanalisierung mittels „Steuerungsinstitutionen" (ebd.: 11). Letztere bestehen aus „Kanalisatoren" (ebd.). Zu ihnen zählen Anreizstrukturen zur Handlungsmotivation oder -unterlassung, „institutionelle Komponenten" (ebd.) zur Zuteilung bzw. Begrenzung von Handlungsrechten und Handlungsspielräumen sowie „Steuerungselemente, die bestimmte Signalisierungsmedien, Koordinationstechniken und kognitive Rationalisierungsinstrumente bereitstellen" (ebd.). Damit entsprechen die Kanalisatoren von Governance den klassischen Instrumententypen der Verwaltungspolitik, ergänzt durch den kulturell-institutionellen Instrumententypus.

Eine Governance *von* Schularchitektur äußert sich zu allererst in staatlichen Schulbaurichtlinien. Sie kann den ersten beiden Kanalisatorentypen zugerechnet werden. Hier kommt der Governance-Modus Hierarchie zum Tragen. Er kann durch den Modus Wettbewerb ergänzt werden, wenn die Fantasie der Architektinnen und Architekten durch pädagogisch ausgerichtete Architektur-Wettbewerbe angeregt wird. Auch die Modi Kommunikation/Verhandlung, Selbstregelung, Gemeinschaft und Profession können bei einer Governance von Schularchitektur eingesetzt werden, wenn man die betroffenen schulischen Akteure mit in die Schulumbauplanung einbezieht und den Architektinnen einen Gestaltungsspielraum für schulindividuelle Innovationen lässt.

Eine Governance durch Schularchitektur zielt auf die Beeinflussung schulischer und gesellschaftlicher Akteure durch die Gestaltung von Schulgebäuden und -räumen. Sie kann als direkte Anreizstruktur zur Beeinflussung der Handlungsmotivation oder -unterlassung von Schülerinnen und Schülern sowie Lehrerkräften ausgelegt werden, je nachdem welche pädagogischen Spielräume die Räumlichkeiten zulassen (vgl. Stadler-Altmann 2014, 2013; Seydel 2004). Dementsprechend wirken Schulbauten auch als „institutionel-

---

8 Schneider und Kenis haben die Definition des deskriptiv-analytischen Governance-Begriffs wesentlich mitgeprägt.

le Komponenten" zur Zuteilung bzw. Begrenzung von Handlungsrechten und Handlungsspielräumen, kurz als Ausdruck von Macht (vgl. Foucault 1977; Böhme/Hermann 2011; Rieger-Ladich/Ricken 2009). Im 19. Jahrhundert wurden Machtstellungen innerhalb des Klassenzimmers durch die Positionierung der Lehrkraft auf einem Katheder und der reihenförmigen Ausrichtung der Schulbänke zu diesem hin bezeugt. Gute Schüler saßen in den ersten Reihen, die schlechtesten ganz hinten, immer die Möglichkeit vor Augen habend, durch Leistung oder deren Abfall an Status zu gewinnen oder zu verlieren. Schließlich zählt eine Governance durch Schularchitektur auch zum dritten Kanalisator, den eher weichen, unbewusst wirkenden Signalisierungsmedien. Dementsprechend geht der semiotische Ansatz der Analyse von Schulbauten davon aus, dass Gebäude als Zeichen- bzw. Kommunikationssysteme sowohl ethische als auch epistemische Botschaften zum Ausdruck bringen:

> „Wenn beispielsweise eine Schulbaufassade von Schülern als brutal, abweisend oder langweilig beurteilt wird, ist dies ein Anzeichen für in ethischer Hinsicht problematische und in epistemischer Hinsicht dürftige Botschaften der Architektur" (Rittelmeyer 2009: 157f.).

Wie in der Sprachwissenschaft wird auch in der semiotischen Architekturanalyse unterschieden zwischen dem Bezeichnenden (Signifikant) und damit dem Schulbau und dem Bezeichneten (Signifikat), d.h. den Akteuren des Schulsystems. Entsprechend untersucht Rittelmeyer (ebd.) Schularchitektur in Anlehnung an das semiologische Analysesystem des Linguisten Jacobson (1960) auf die folgenden Funktionen von Botschaften hin: die referentielle[9], emotional-expressive, appellativ-imperative, phatisch-kontaktbestimmende, metasprachliche[10] und die ästhetische. Gemäß der referentiellen, aber auch der metasprachlichen Entschlüsselung architektonischer Botschaften bekunden

> „Schüler (…) z. B., bei Betrachtung eines kasernenartigen Schulgebäudes (des 19. Jh., Anm. d. Verf.) mit serieller Fenstergestaltung (Signifikant), hier werde Gleichmacherei bzw. Entindividualisierung angezeigt (Signifikat oder Referent)" (Rittelmeyer 2009: 161).

Allerdings kann je nach Blickwinkel des Betrachters eben dieses gleiche Schulgebäude oben auch als Signifikat für Chancengleichheit im Bildungswesen stehen. Die unterschiedliche Dekodierung von Schulbauten, die häufig vor allem zwischen Gestalterinnen und Nutzern von Schulgebäuden vorkommt, ist nach Rittelmeyer eines der Hauptprobleme in der Schulbaupraxis. Sie aufzu-

---

9 „Botschaften haben eine referentielle Funktion, wenn sie auf Sachverhalte, Dinge, Personen, historische Verhältnisse, Ideen etc. hinweisen" (Rittelmeyer 2009: 161).

10 „Architektur-Botschaften mit metasprachlicher Funktion kommentieren andere Botschaften, im Schulbau kommentieren sie den Bau oder Baudetails: Beispiele (…) sind: (…) Vandalismus-Spuren, die besonders häufig in hässlich erlebten Schulgebäuden auftauchen und diese daher auf besondere Weise kommentieren" (Rittelmeyer 2009: 164).

greifen und ihnen aktiv vorzubeugen, gehört wiederum zu einer aktiven Governance *von* Schularchitektur, wie die Abschnitte 6.4 und 6.5 aufzeigen.

In der Auffassung der Einflussmöglichkeiten von Schularchitektur wird
der semiotische Analyseansatz von Schularchitektur von den Erkenntnissen
der Architekturpsychologie[11] (und den Forschungen zur Wahrnehmung[12] sowie zur physiologischen[13] und psycho-sozialen[14] Wirkung von Schulbauten)
gestützt. Nach ihnen soll die Gestaltung von Schulraum Effekte auf den sozialen Umgang von Schülern untereinander, den dialogischen Austausch, die
Achtsamkeit im Umgang mit dem Gebäude und seiner Einrichtung auf das pädagogische Professionsverständnis von Lehrkräften oder die Zusammenarbeit
im Lehrerkollegium haben (vgl. Jelich/Kemnitz 2003). Auch das informelle
Lernen von Schülerinnen und Schülern und Lehrkräften kann durch Schulbau
und der damit verbundenen Raumgestaltung als Bereitstellung von Ermög-
lichungsstrukturen gefördert werden (vgl. Overwien 2009) – ein politisches
Momentum, das gerade unter der bildungspolitischen Ägide des lebenslangen
Lernens governance-strategische Bedeutung hat. Unter dem Blickwinkel einer Governance durch Schularchitektur wird folglich der Schulbau als forma-
le Lernumgebung verstanden, der bewusst zur Unterstützung formeller und
informeller Bildungs- und Arbeitsplatzprozesse gestaltet werden kann (vgl.
BMFSFJ 2005: 130).

Somit kann eine pädagogisch-ästhetische Beeinflussung von Menschen,
ihrer Lebens-, Lern- und Lehreinstellung und ihres Weltbildes durch Schularchitektur mittels der Modi Gemeinschaft, Kommunikation oder Netzwerk
stattfinden. Aber auch die basalen Governance-Mechanismen der Beobachtung und Beeinflussung nehmen einen wichtigen Stellenwert in der Governance durch Schularchitektur ein. Eine Governance durch Schularchitektur
soll im Sinne einer kulturell-institutionellen Einflussnahme insbesondere über
die Organisations- bzw. Schulkultur (vgl. Böhme/Herrmann 2009) Einfluss
auf kollektive Sinn-, Deutungs- und Handlungsmuster als „cognitive maps"
nehmen können (vgl. Schuppert 2005). Dass diese Auffassung auch schon die
Schulpolitik und ihre Governance-Strategien erreicht hat, zeigen die Orien-
tierungsrahmen Schulqualität der Bundesländer. In vielen von ihnen wird der
Schulraum als Indikator und „Change Agent" schulischer Qualität entweder
im Qualitätsbereich „Schulkultur" oder unter „Voraussetzungen und Rahmenbedingungen" von Schule erwähnt und als Bestandteil einer systematischen
Schulentwicklung begriffen (vgl. Saalfrank 2013).

---

11 Vgl. Richter 2009; Flade 2008; Bär 2008.
12 Vgl. Rittelmeyer 2007, 2004, 1994; Böhme 2009.
13 Vgl. Rittelmeyer 2002; Forster 2000; Rittelmeyer/Krappmann 1994.
14 Vgl. Forster 2002; Goldstein 1996; Klockhaus/Habermann-Morbey 1986.

Exkurs: Der Sinn historischer Governance-Analysen für heutige Governance-Strategien im öffentlichen Schulbau

Schulbau weist als Sachquelle früherer Zeiten auf das zum jeweiligen Erbauungszeitpunkt herrschende Menschen- und Gesellschaftsbild sowie auf die Auffassung von Unterricht, Schule und den in ihr agierenden Akteuren hin (vgl. Göhlich 2009). Schulbauten sind somit „sprechende" Zeugnisse von schulpolitischen Governance-Strategien früherer Zeiten. Ihre Governance-Analyse kann den Blick bei der Betrachtung und der Gestaltung der schulpolitischen Governance-Strategien der Gegenwart schärfen. Ein möglicher analytischer Ansatz, der dafür herangezogen werden kann, ist das semiotische Analysekonzept von Rittelmeyer (2009) (vgl. 2.2.1).

Ein solches Bewusstsein ist für die Akteure einer Governance von Schularchitektur nicht unerheblich, wirken doch die baulichen Überreste von Schularchitektur früherer Zeiten im Sinne einer Governance durch Schularchitektur immer noch auf die heutigen Akteure im Schulsystem und in der Gesellschaft. Eine heutige Governance von Schularchitektur muss daher mit ihnen bei Schulumbauten offensiv umgehen können. Eine systematische Governance-Analyse des historischen Schulbaus müsste daher die diejenigen Epochen umfassen, aus denen heute noch Schulbauten als solche genutzt werden. Dies sind insbesondere die Schulbauten seit der Moderne. Hier kann auf Arbeiten wie diejenigen von Kähler (2004), Blume (2009), Borrelbach (2009), Göhlich (2009), Kühn (2009), Kemnitz (2013), Böhme (2013) oder Blömer (2013) zurückgegriffen werden.

Aber auch in Neubauten können sich referentielle oder metasprachliche Anleihen an frühere Zeiten des Schulbaus finden. Dann z. B., wenn in der Architektur auf die klassischen Ideale einer Bildungsinstitution angeknüpft wird. Auch diese epistemischen und ethischen Botschaften sollten auf ihre ursprünglichen Bedeutungen und ihre jetzigen Wirkungen hin neu bedacht werden (vgl. Rittelmeyer 2009).

Historische Governance-Analysen des Schulbaus können somit den kritischen Blick für die Traditionslinien, aber auch für Brüche und Besonderheiten, die in Vergessenheit geraten sind, sensibilisieren. Eine Governance von Schularchitektur kann sich auf diese Rückbesinnung stützen, um sich auf Grundlage pädagogisch-architektonischer Überlegungen über die Erhaltens- und Tradierenswerte bewusst zu werden und auf das zu Verändernde zu einigen. Ein solches historisches Verständnis ist für die sinnvolle Ausrichtung von Schulneu- und vor allem von -umbauten von Bedeutung (vgl. Braun u. a. 2014).

In den folgenden Abschnitten wird diese Abhängigkeit des heutigen Schulbaus von vorhergehenden Governance-Strategien im öffentlichen Schulbau an einigen Beispielen erläutert.

6.4 Bestandsaufnahme: Educational Governance von und durch Schularchitektur heute

„Architektur spiegelt (...) nicht nur die Beschaffenheit der Gesellschaft wider, die sie errichtet, sie lässt im Falle der Schulbauten und ihrer Planungsvorgaben auch erkennen, welchen Stellenwert das Thema Bildung und Erziehung in den einzelnen Bundesländern hat (Prof. Arno Lederer)" (Montag Stiftungen 2011: 5).

Der schulpädagogische Diskurs unserer Tage wird in der Literatur zum pädagogischen Schulbau mit den Schlüsselbegriffen der Kompetenzorientierung und Individualisierung, der inneren Differenzierung und Aktivierung von Lehren und Lernen, der Ganztagsschule, der inklusiven Schule oder der Teamentwicklung innerhalb von Lehrerkollegien zusammengefasst. Er umfasst somit die pädagogischen Herausforderungen, die mit den Begriffen der Unterrichts- und Schulentwicklung besetzt werden. Eine Governance von Schularchitektur soll die Umsetzung dieser Konzepte räumlich ermöglichen, sodass aus ihr eine Governance durch Schularchitektur erwachsen kann. Hier aber stellt sich das Problem, dass die heutigen Strategien einer Governance von Schularchitektur noch nicht den schulpolitischen Reformprogrammen, die dieselben Schlüsselbegriffe enthalten wie die Literatur zum pädagogischen Schulbau, angepasst wurden. Dies ergab eine Vergleichsstudie der Schulbaurichtlinien ausgewählter Bundesländer (vgl. Montag Stiftungen 2011[15]; Reker 2015; Pampe 2013). Stattdessen werden sie von den pädagogischen Vorstellungen einer Halbtagsschule des 20. Jahrhunderts bestimmt, die die Bildungsexpansion bewerkstelligen sollte (vgl. Kähler 2004). Einheitlich auffällig an den bundesdeutschen Richtlinien ist allerdings für die Durchführer der Vergleichsstudie, „(d)ass (...) die gestalterische Qualität überhaupt keine Rolle spielt" (Montag Stiftungen 2011: 5) und das, obwohl der Raum als „dritter Pädagoge" mittlerweile anerkannt sei. Für die Bundesländer sieht die Studie „nur wenige oder auch gar keine Anforderungen, die dem Bild einer zukunftsfähigen Schule entsprechen" (Montag Stiftungen 2011: 15) erfüllt. Eine Pflicht für ein schulpädagogisches Konzept, das dem Schulentwurf zugrunde liegt, wie es das Land Südtirol für seinen Schulbau fordert, besteht in keinem Bundesland.[16] Ebenso erwähnt keine der Richtlinien, dass und wie die Nutzer von Schulbauten in den Pla-

---

15 Die Vergleichsstudie erfasste die Bundesländer Bremen, Baden-Württemberg, NRW und Sachsen. Sie wurde vom Institut für Öffentliche Bauten und Entwerfen der Universität Stuttgart und dem Institut für Schulentwicklung Überlingen durchgeführt. Sie geschah im Auftrag der Montag Stiftungen Urbane Räume und Jugend und Gesellschaft und wurde vom Bundesministerium für Bildung und Forschung (BMBF) teilfinanziert (vgl. Montag Stiftungen 2011).

16 Eine positive Ausnahme stellen die Richtlinien Bremens dar, da sie wenige beschränkende Vorgaben enthalten und in Verbindung mit den pädagogischen Anforderungen des Schulentwicklungsplans entsprechende Raumgrößen einfordern.

nungsprozess einzubeziehen sind. Die hieraus erwachsende Governance durch Schularchitektur konterkariert somit mit ihren Wirkungen den allgemeinen Reformwunsch der Politik und bleibt weit hinter ihren Möglichkeiten zurück. Die historischen Überreste aus dem 19. und 20. Jahrhundert strahlen ungehindert auf heutiges Schulehalten aus. So kommt einer der Stararchitekten im Schulbau, Peter Hübner, zu der governance-kritischen Aussage:

> „Mich irritiert stets, dass sie in Wahrheit gar keine Schulen sind. Wir sehen keine Orte für das Leben und Lernen, sondern Kasernen. An langen Fluren steht ein Raum neben dem anderen stramm. Alle Klassenzimmer haben dieselbe Form (…) Das ist eine industrielle Form, der die Massenabfüllung als Idee zugrunde liegt" (Hübner 2009).

Während die strukturorientierte Governance-Analyse einer heutigen Governance durch Schularchitektur im öffentlichen Schulbau Stillstand suggerieren mag, weist die nähere Analyse der an Governance von Schularchitektur beteiligten Akteure und der durch sie in diesem Aktionsfeld initiierten Governance-Prozesse auf vielversprechende Entwicklungen im öffentlichen Schulbau hin. Angesichts der Mängel bei der staatlichen Governance von Schularchitektur haben sich unter dem Dach der Montag Stiftungen „Urbane Räume" und „Jugend und Gesellschaft" gesellschaftliche Akteure[17] formiert, um die von ihnen wahrgenommenen Probleme gemeinsam mit den staatlichen Behörden zu beheben. Dazu verfolgen sie eine dreischrittige Governance-Strategie, deren Ziel die De- und Reregulierung der Schulbauregelungen, die Beachtung pädagogischer Konzepte sowie die Beteiligung der betroffenen Akteure ist. Dazu wurde zunächst die vorgestellte Vergleichsstudie in Auftrag gegeben. In einem zweiten Schritt wurden die Ergebnisse mit den am Schulbau bislang beteiligten Akteursgruppen – Architekten, Schulleitungen, Schulverwaltungen, Bauverwaltung, Schulministerien – auf ihre Stärken und Schwächen sowie auf intentionale und transintentionale Effekte hin diskutiert (2012a). Neben den Erfahrungen wurden auch die sich daraus ergebenden Schlussfolgerungen für einen zukünftigen Referenzrahmen gesammelt (vgl. ebd.). Im Jahr 2013 folgte schließlich unter Beteiligung aller Akteursgruppen aus Schule, Planung, Architektur, Verwaltung und Wissenschaft die Erarbeitung von Richtlinien und Standards für zeitgemäße Schulbauten.

Neben dieser eher konservativen Governance-Strategie, die zwar alle beteiligten Akteure gemäß den heutigen Verwaltungsanforderungen einer Good Governance mit einbeziehen und nur rahmensetzende statt hierarchisch-vorschreibender Regularien formuliert, versuchen die Montag Stiftungen (2012b) die Qualität im öffentlichen Schulbau auch durch den Modus Wettbewerb und die Auslobung von gut dotierten Pilotprojekten zu heben. Er ist den herkömm-

---

17 Hierzu gehören der Bund Deutscher Architekten sowie der Verband Bildung und Erziehung (VBE).

lichen staatlichen Strategien einer Governance von Schulbau eher fern. Mit der Auslobung soll ein integriertes Planungskonzept für den Schulbau (ebd. 2012c) verbreitet werden, das kommunale Verwaltung, Pädagogik und Architektur im Sinne eines zielorientierten Schnittstellenmanagements vereint.

6.5 Ausblick: Vorstellungen von öffentlichem Schulbau für die Zukunft

Als zukünftige Themenfelder einer Governance von und durch Schularchitektur legen die Montag Stiftungen den Ländern „Zehn Thesen für einen zukunftsfähigen Schulbau" (Montag Stiftungen 2011: 9) nahe:

- These 1: Vielfältige Lern- und Erfahrungsräume
- These 2: Unterschiedliche Lern- und Lehrformen
- These 3: Ganztagsschule
- These 4: Zeitgemäße technische Ausstattung
- These 5: Inklusive Schule
- These 6: Architektonische und städtebauliche Qualität
- These 7: Gesunde Lernumgebung
- These 8: Demokratische Schule
- These 9: Schule und Umweltbewusstsein
- These 10: Offene Schule

Als weitere Aspekte eines nachhaltigen Schulbaus werden von den Montag Stiftungen und den weiteren Akteuren einer Governance von Schulbau genannt: „Umgang mit Bestandsgebäuden, Schulbaufinanzierung und -förderung, Planungsverfahren und Beteiligte, Flächenangaben sowie Schnittstellen zu weiteren Vorschriften und Normen" (ebd.). Diese 15 Kriterien eines zukunftsfähigen Schulbaus gingen in die oben erwähnten „Leitlinien für leistungsfähige Schulbauten in Deutschland" (Montag Stiftungen 2013; Seydel 2012) ein.

Hier sollen vier Aspekte betont werden, die für eine zielorientierte Governance von und durch Schularchitektur als besonders wichtig erachtet werden. Sie betreffen sowohl den Schulneu- als auch den Schulumbau. Dabei wird die Beteiligung der betroffenen Akteure und ein effektives Schnittstellenmanagement bzw. seine Verbesserung als selbstverständlicher Bestandteil heutiger Public Governance vorausgesetzt. Diese Aspekte sind:

- Beachtung der neuen pädagogischen Anforderungen von Schule wie z. B. Lernformen, Ganztagsschule, inklusive Schule oder Schule als Lebensraum (Schülersicht)[18],
- Auslegung von Schule als Arbeitsplatz zur Unterstützung der Lehrprofession und anderer beteiligter Berufsgruppen (Lehrersicht)[19],
- Beachtung der Auswirkungen von Formen, Farben, Licht, Material (etc.) auf den Menschen (Schüler- und Lehrersicht)[20],
- die Anlage von Schule als Teil einer lokalen, kommunalen oder regionalen Bildungslandschaft (Sicht der Schulleitung; kommunale Sicht/Gemeinwohl)[21].

Während die ersten drei Punkte in den vorherigen Abschnitten unter der Perspektive einer Educational Governance schon diskutiert wurden, ist das Qualitätskriterium der lokalen, kommunalen oder regionalen Bildungslandschaften im Sinne des Governance-Modus Netzwerk noch nicht in den größeren Zusammenhang einer Governance von und durch Schularchitektur gestellt worden. Bildungslandschaften mit ihren unterschiedlichen Bildungsakteuren werden im Educational Governance-Diskurs als eine der Schlüsselstrukturen von Schulentwicklung angesehen, durch die die gezielte Koordination im bzw. des Bildungssystem/s gelingen, neue pädagogische Konzepte umgesetzt und die Qualität von Schule, Bildungsprozessen und Schülerleistungen positiv beeinflusst werden kann (vgl. Emmerich 2010; Niemann 2014).[22] Diese Schlüsselrolle wird der Regelungsstruktur Bildungslandschaft – über die reine Koordination der am Schulbau beteiligten Akteure hinaus – auch im Schulbaudiskurs zugeschrieben. In Hinsicht auf diese Governance-Strategie soll das Schulgebäude multifunktional für Gemeinde- bzw. Bildungsaktivitäten eingesetzt werden (vgl. Bilstein 2009):

> „Die bestehenden Gebäude können sich nicht in gleicher Geschwindigkeit wie das Schulsystem anpassen. Darum wird es eine der zentralen Aufgaben der Zukunft sein, Schulbau im Kontext der öffentlichen Nachbarschaft anzulegen, Szenarien des Wachsen und Schrumpfens der jeweiligen Systeme anzulegen und eine möglichst robuste Vielfalt an Raumangeboten zu schaffen, die ausreichend Kapazitäten für die sukzessive Veränderung durch pädagogische Anforderungen haben. (…) Nicht die isolierte Betrachtung der einzelnen Schule darf im Vordergrund stehen, sondern auch primär das relevante Umfeld wie: Schultypen im Umfeld, Entwicklungspotenzial dieser Schulen,

---

18 Hierunter fallen die Thesen 1 bis 9 der „Zehn Thesen für einen zukunftsfähigen Schulbau" (Montag Stiftungen 2011: 9).
19 Hierunter fallen die Thesen 3 und 4.
20 Hierunter fallen die Thesen 6 und 7.
21 Hierunter fallen die Thesen 1 bis 3, 6 bis 8 und 10.
22 Reutliner (2009) analysiert Bildungslandschaften als Regelungsstruktur schulpolitischer Schulentwicklungsstrategien unter dem Gesichtspunkt der Raumtheorie. Die Untersuchungsaspekte stimmen mit denjenigen der Educational Governance-Forschung überein.

Schülerzahlen, Raumressourcen, Bedarf des Stadtteils sowie das Integrationspotenzial der Schullandschaft im Stadtteil etc. (Carl Richard Montag, Stifter, 2009)" (Montag Stiftungen 2010: 29).

Literatur

Altrichter, H./Brüsemeister, Th./Wissinger, J. (Hrsg.) (2007): Educational Governance. Handlungskoordination und Steuerung im Bildungssystem. Wiesbaden: VS.

Bär, P. K.-D. (2008): Architektur-Psychologie. Psychosoziale Aspekte des Wohnens. Gießen: Imago.

Benz, A./Lütz, S./Schimank, U./Simonis, G. (2007): Einleitung. In: Dies. (Hrsg.): Handbuch Governance. Theoretische Grundlagen und empirische Anwendungsfelder. Wiesbaden: VS, S. 9–25.

Bilstein, J. (2009): Raumbildung und Bildungsräume. In: J. Böhme (Hrsg.): Schularchitektur im interdisziplinären Diskurs. Territorialisierungskrisen und Gestaltungsperspektiven des schulischen Bildungsraums. Wiesbaden: VS, S. 223–234.

Blömer, D. (2013): Reformen im Bildungswesen und Versuche ihrer schulräumlichen Verwirklichung am Beispiel der Gesamtschulbauten – ein historisch-systematischer Rückblick. In: J. Kahlert/K. Nitsche/K. Zierer (Hrsg.): Räume zum Lernen und Lehren. Perspektiven einer zeitgemäßen Schulraumgestaltung. Bad Heilbrunn: Klinkhardt, S. 77–89.

Blume, T. (2009): Schule der Moderne: das Bauhausgebäude in Dessau. In: J. Böhme (Hrsg.): Schularchitektur im interdisziplinären Diskurs. Territorialisierungskrisen und Gestaltungsperspektiven des schulischen Bildungsraums. Wiesbaden: VS, S. 249–265.

Blumenthal von, J. (2005): Governance – eine kritische Zwischenbilanz. In: Zeitschrift für Politikwissenschaft 4, S. 1149–1180.

Böhme, J. (2013): Pädagogische Raumentwürfe. In: J. Kahlert/K. Nitsche/K. Zierer (Hrsg.): Räume zum Lernen und Lehren. Perspektiven einer zeitgemäßen Schulraumgestaltung. Bad Heilbrunn: Klinkhardt, S. 133–144.

Böhme, J. & Herrmann, I. (2011): Schule als pädagogischer Machtraum. Typologie schulischer Raumentwürfe. Wiesbaden: VS.

Dies. (2009): Schulraum und Schulkultur. In: J. Böhme (Hrsg.): Schularchitektur im interdisziplinären Diskurs. Territorialisierungskrisen und Gestaltungsperspektiven des schulischen Bildungsraums. Wiesbaden: VS, S. 204–221.

Borrelbach, S. (2009): The Historical Development of School Buildings in Germany. In: R. Walden (ed.): Schools for the Future. Design Proposals from Architectural Psychology. Göttingen/Cambridge, MA: Hogrefe & Huber, pp. 45–74.

Braun, D./Brühlmann, M./Burri, L. (u. a.) (Hrsg.) (2014): SchulUmbau diskutieren. Verhandlungsthemen aus der Perspektive von Architektur, Pädagogik und Psychologie. Windisch: Fachhochschule Nordwestschweiz.

Braun, D. & Giraud, R. (2009): Politikinstrumente. In: K. Schubert/N. C. Bandelow (Hrsg.): Lehrbuch der Politikfeldanalyse 2.0. 2., vollst. überarb. u. erw. Aufl. München: Oldenbourg, S. 159–186.

Bundesministerium für Familie, Soziales, Frauen und Jugend (BMFSFJ) (Hrsg.) (2005): Zwölfter Kinder- und Jugendbericht. Bericht über die Lebenssituation junger Menschen und die Leistungen der Kinder- und Jugendhilfe in Deutschland. Bonn.

Emmerich, M. (2010): Regionalisierung und Schulentwicklung. Bildungsregionen als Modernisierungsansätze im Bildungssektor. In: H. Altrichter/K. Maag Merki (Hrsg.): Handbuch Neue Steuerung im Schulsystem. Wiesbaden: VS, S. 355–375.

Flade, A. (2008): Architektur psychologisch betrachtet. Bern: Huber.

Forster, J. (2002): Orientierung im Raum. Kulturethologische Überlegungen. In: Liedtke, M. (Hrsg.): Orientierung in Raum, Weltanschauung, Gesellschaft. Graz, S. 42–62.

Dies. (2000): Räume zum Lernen und Spielen. Untersuchungen zum Lebensumfeld „Schulbau". Berlin: VWB.

Foucault, M. (1977): Überwachen und Strafen: Die Geburt des Gefängnisses. Frankfurt a. M.: Suhrkamp.

Goldstein, A. P. (1996): The psychology of vandalism. New York u. a.: Plenum Press.

Göhlich, M. (2009): Schulraum und Schulentwicklung: Ein historischer Abriss. In: J. Böhme (Hrsg.): Schularchitektur im interdisziplinären Diskurs. Territorialisierungskrisen und Gestaltungsperspektiven des schulischen Bildungsraums. Wiesbaden: VS, S. 89–102.

Hill, H. (2005): Good Governance – Konzepte und Kontexte. In: Schuppert, G. F. (Hrsg.): Governance-Forschung. Vergewisserung über Stand und Entwicklungslinien. Baden-Baden: Nomos, S. 220–251.

Hübner, P. (2009). Schulen sind in Wahrheit Kasernen. Interview. In: taz v. 12.02.2009.

Jacobson, R. (1960): Linguistics and Poetics. In: Th. Sebeok (ed.). Style in Language. Cambridge M.A.: The M.I.T. Press, pp. 350–377.

Jann, W. (2005): Governance als Reformstrategie – Vom Wandel und der Bedeutung verwaltungspolitischer Leitbilder. In: G. F. Schuppert (Hrsg.): Governance-Forschung. Vergewisserung über Stand und Entwicklungslinien. Baden-Baden: Nomos, S. 21-43.

Jann, W./Wegrich, K. (2004): Governance und Verwaltungspolitik. In: Benz, A. (Hrsg.): Governance – Regieren in komplexen Regelsystemen. Eine Einführung. Wiesbaden: VS, S. 193–214.

Kähler, G. (2004): „... dass der Mensch was lernen muss." Staat, Schule, Schulhaus – ein historischer Rückblick. In: Wüstenrot Stiftung (Hrsg.): Schulen in Deutschland. Neubau und Revitalisierung. Stuttgart/Zürich: Karl Krämer, S. 12–35.

Kemnitz, H. (2013): Zwischen Unterrichtsgroßraum und Klassenzimmer – Schulbau im Wandel der gesellschaftlichen Verfasstheit von Schule. In: J. Kahlert/K. Nitsche/K. Zierer (Hrsg.): Räume zum Lernen und Lehren. Perspektiven einer zeitgemäßen Schulraumgestaltung. Bad Heilbrunn: Klinkhardt, S. 59–76.

Klockhaus, R./Habermann-Morbey, B. (1986): Psychologie des Schulvandalismus. Göttingen u. a.: Hogrefe.

Kommission der Europäischen Gemeinschaften (25.07.2001): Europäisches Regieren. Ein Weissbuch (KOM[2001]428 endgültig). Brüssel.

Kühn, Chr. (2009). Rationalisierung und Flexibilität. Schulbaudiskurse der 1960er und 70er Jahre. In: J. Böhme, (Hrsg.): Schularchitektur im interdisziplinären Diskurs. Territorialisierungskrisen und Gestaltungsperspektiven des schulischen Bildungsraums. Wiesbaden: VS, S. 283–298.

Lange, S. & Schimank, U. (2004): Governance und gesellschaftliche Integration. In: Dies. (Hrsg.): Governance und gesellschaftliche Integration. Wiesbaden: VS, S. 9–45.

Langer, R. (2008). Steuerungs-Intentionen und Educational Governance – eine Einleitung. In: Ders. (Hrsg.): Warum tun die das? Governanceanalysen zum Steuerungshandeln in der Schulentwicklung (S. 7–16). Wiesbaden: VS.

Mayntz, R. (2005): Governance Theory als fortentwickelte Steuerungstheorie? In: Schuppert, G. F. (Hrsg.): Governance-Forschung. Vergewisserung über Stand und Entwicklungslinien. 2. Aufl. Baden-Baden: Nomos, S. 11–20.

Dies. (2004): Governance im modernen Staat. In: Benz, A. (Hrsg.): Governance – Regieren in komplexen Regelsystemen. Eine Einführung. Wiesbaden: VS, S. 65–76.

Dies. (1987): Politische Steuerung und gesellschaftliche Steuerungsprobleme. In: Th. Ellwein/J. J. Hesse/R. Mayntz/F. W. Scharpf (Hrsg.): Jahrbuch zur Staats- und Verwaltungswissenschaft. Bd. 1. Baden-Baden: Nomos, S. 89–110.

Montag Stiftungen Urbane Räume/Jugend und Gesellschaft, Bund Deutscher Architekten (BDA) & Verband Bildung und Erziehung (VBE) (Hrsg.) (2013): „Leitlinien für leistungsfähige Schulbauten in Deutschland".

Montag Stiftungen Urbane Räume/Jugend und Gesellschaft (Hrsg.) (2012a): Regionale Werkstattgespräche zu Schulbaurichtlinien in Deutschland. Kurzfassung. Heft 2 zur Reihe „Rahmen und Richtlinien für einen leistungsfähigen Schulbau in Deutschland". Bonn.

Dies. (2012b): Pilotprojekte Schulen planen und bauen. http://www.schulen-planen-und-bauen.de [Zugriff am: 15.01.2015].

Dies. (2012c): Schulen planen und bauen. Grundlagen und Prozesse. Berlin: jovis.

Dies. (Hrsg.) (2011): Vergleich ausgewählter Richtlinien zum Schulbau – Kurzfassung. Heft 1 zur Reihe „Rahmen und Richtlinien für einen leistungsfähigen Schulbau in Deutschland". Bonn.

Dies. (Hrsg.) (2010): Pädagogische Architektur. Ausstellung/Begleitheft. Bonn.

Niemann, L. (2014): Steuerung lokaler Bildungslandschaften: Räumliche und pädagogische Entwicklung am Beispiel des Projektes Altstadt Nord Köln. Wiesbaden: VS.

Overwien, B. (2009): Schulorte und Raumgefüge informellen Lernens. In: Böhme, J. (Hrsg.): Schularchitektur im interdisziplinären Diskurs. Territorialisierungskrisen und Gestaltungsperspektiven des schulischen Bildungsraums. Wiesbaden: VS, S. 42–58.

Pampe, B. (2013): Schulen planen und bauen: Rahmen und Richtlinien. In: J. Kahlert/ K. Nitsche/K. Zierer (Hrsg.): Räume zum Lernen und Lehren. Perspektiven einer zeitgemäßen Schulraumgestaltung. Bad Heilbrunn: Klinkhardt, S. 119–132.

Preisendörfer, P. (2008): Organisationssoziologie. Grundlagen, Theorien und Problemstellungen. Wiesbaden: VS.

Reker, G. (2015): Schulbaurichtlinien anpassen. Mehr Flexibilität. Architektenkammer Rheinland-Pfalz. http://www.diearchitekten.org/bot_news_newsidx-1766.html [Zugriff am: 16.01.2015].

Richter, P. G. (Hrsg.) (2009): Architekturpsychologie. Eine Einführung. 3. überarb. u. erw. Aufl. Lengerich (u. a.): Pabst Science Publisher.

Rieger-Ladich, M./Ricken, N. (2009): Macht und Raum: Eine programmatische Skizze zur Erforschung von Schularchitekturen. In: J. Böhme (Hrsg.): Schularchitektur im interdisziplinären Diskurs. Territorialisierungskrisen und Gestaltungsperspektiven des schulischen Bildungsraums. Wiesbaden: VS, S. 186–203.

Rittelmeyer, Chr. (2009): Schulbauten als semiotische Szenarien: Eine methodologische Skizze. In: Böhme, J. (Hrsg.): Schularchitektur im interdisziplinären Diskurs. Territorialisierungskrisen und Gestaltungsperspektiven des schulischen Bildungsraums. Wiesbaden: VS, S. 157–170.

Ders. (2007): Von brutalen und freundlichen Häusern. Wie das Schulgebäude das Lernen beeinflusst. In: Grundschule 39, 10, S. 9–12.

Ders. (2004): Zur Rhetorik von Schulbauten. In: Die Deutsche Schule 96, S. 201–208.

Ders. (2002): Pädagogische Anthropologie des Leibes. Biologische Voraussetzungen der Erziehung und Bildung. Weinheim u. a.: Juventa.

Ders. (1994): Schulbauten positiv gestalten. Wie Schüler Farben und Formen erleben. Wiesbaden/Berlin: Bauverlag.

Rittelmeyer, Chr./Krappmann, P. (1994): Zur Sensomotorik der Schulbau-Wahrnehmung. In: Psychologie in Erziehung und Unterricht 41, S. 303–312.

Saalfrank, W.-Th. (2013): Schulraum und Schulentwicklung. In: J. Kahler/K. Nitsche/ K. Zierer (Hrsg.): Räume zum Lernen und Lehren. Perspektiven einer zeitgemäßen Schulraumgestaltung. Bad Heilbrunn: Klinkhardt, S. 227–237.

Schneider, V./Kenis, P. (1996): Verteilte Kontrolle: Institutionelle Steuerung in mordernen Gesellschaften. In: P. Kenis/V. Schneider (Hrsg.): Organisation und Netzwerk. Institutionelle Steuerung in Wirtschaft und Politik. Frankfurt/Main: Campus, S. 9–43.

Schuppert, G. F. (2011): Governance von und durch Verwaltungsreformen. In: B. Blanke/St. von Bandemer/F. Nullmeier/G. Wewer (Hrsg.): Handbuch zur Verwaltungsreform. 4., völlig überarb. u. erw. Aufl. Wiesbaden: VS, S. 30–37.

Ders. (2008): Governance – auf der Suche nach Konturen eines „anerkannten uneindeutigen Begriffs". In: Ders./M. Zürn (Hrsg.): Governance in einer sich wandelnden Welt. Wiesbaden: VS, S. 13–40.

Ders. (2005): Governance im Spiegel der Wissenschaftsdisziplinen. In: Ders. (Hrsg.): Governance-Forschung. Vergewisserung über Stand und Entwicklungslinien. 2. Aufl. Baden-Baden: Nomos, S. 371–469.

Schuppert, G. F./Voßkuhle, A. (Hrsg.) (2008): Governance von und durch Wissen. Baden-Baden: Nomos.

Seydel, O. (2012): Pädagogische Perspektiven für den Schulbau. Auf dem Weg zu neuen Schulbaurichtlinien. Überlingen: Institut für Schulentwicklung.

Ders. (2004): Die gute Schule der Zukunft. In: Wüstenrot-Stiftung (Hrsg.): Schulen in Deutschland. Neubau und Revitalisierung. Stuttgart/Zürich: Karl Krämer Verlag, S. 122–139.

Stadler-Altmann, U. (2015): The Influence of School and Classroom Space on Education. In: Chr. Rubie-Davis/J. Stephens (ed.): The Social Psychology of the Classroom International Handbook. London: Routledge, pp. 252–262.

Dies. (2013): Lehren und Lernen in der gebauten Umgebung. Anmerkungen zur medialen Nutzung des Klassenraums im Unterricht. In: K. Westphal/B. Jörissen (Hrsg.): Mediale Erfahrungen: Vom Straßenkind zum Medienkind. Pädagogische Raum- und Medienforschung im 21. Jahrhundert. Weinheim, München: Juventa, S. 176–196.

7 Evidence Based School Design: A Case Study

Henry Sanoff

Kurzfassung

Wie auf der Grundlage von Beobachtung und Analyse verschiedener Lern- und Lehrstrategien eine neue Form der gebauten Umgebung als Lernumgebung für Grundschülerinnen und -schüler geplant und gebaut wurde, wird in diesem Kapitel dargestellt. Basierend auf den vorherrschenden Aktivitäten in Schule und Unterricht wie z. B. Lehren und Lernen in kleinen Gruppen wurden Schülerinnen und Schüler, Eltern und Lehrkräfte in die Planung und Gestaltung der Gibsonville Elementary School in den USA einbezogen. Die Lehrkräfte entwarfen in mehreren Kleingruppen Klassenzimmer, verglichen die Entwürfe und entschieden sich schließlich für ein Klassenzimmer in Form eines „L". Diese Grundform wurde zum Ausgangspunkt des gesamten Schulbauentwurfs. Ebenso wünschten sich die Lehrkräfte für jedes Klassenzimmer einen direkten Zugang nach draußen, um so die ökologische Bildung besser in den alltäglichen Unterricht einbinden zu können. Letztendlich entstand ein Schulgebäude, das aus vier einzelnen akademischen Häuser mit jeweils sechs „L"-förmigen Klassenzimmer besteht. Jedes der insgesamt 24 Klassenzimmer hat einen direkten Zugang nach draußen in einen offenen Schulhof, der für Schülerinnen und Schüler, Eltern und Lehrkräfte naturnahe Erfahrungs- und Gestaltungsmöglichkeiten bietet. Einige Monate nach dem Schulbau und dem Einzug der Schülerinnen und Schüler, sowie der Lehrkräfte in das neue Gebäude wurde eine Evolution durchgeführt. In den Ergebnissen zeigt sich eine hohe Zufriedenheit mit dem neuen Schulgebäude, und insbesondere die „L"-Form der Klassenzimmer wurde als wesentliches Merkmal der gelungenen Lernumgebung hervorgehoben. Schülerinnen und Schüler sowie Lehrkräfte führen ihre große Zufriedenheit mit dem Schulgebäude und den Klassenzimmern vor allem auf ihre eigene Beteiligung im Planungsprozess zurück. Aufgrund dieser Erfolgsgeschichte wurde die Gibsonville Grundschule maßgebend für die Planungsprozesse und das Design weiterer Schulen in den USA.

Abstract

The aim of this paper was to examine current learning styles and teaching methods in order to suggest a new form of learning environment for young students. Features such as different activity settings and small group activities aimed at enhancing learning resulted from the participation of students, teachers and parents in the design of the Gibsonville Elementary School. Teachers, working in small groups, compared different classroom arrangements along with criteria to compare and evaluate each alternative and unanimously selected an "L" shape classroom, which became the basis for the design of the school. Another critical design feature that emerged from the teacher workshop was direct access from each classroom to the outdoors, allowing teachers to create outdoor classrooms that could enhance student's ecological awareness. The final design featured four academic houses of six L shaped classrooms each around an open courtyard to provide a resource for students, parents, and teachers to collectively explore and maintain outdoor environmental themes. A post occupancy evaluation was conducted several months after completion of construction and revealed a high level of satisfaction; however, the findings pointed to the need for a subsequent workshop to focus on the effective arrangement of furniture in L shaped classrooms. The participatory process was identified by the students and teachers as the key factor contributing to the design, which of one of the first schools of its type in the United States.

7.1 Introduction

Faith in the collective capacity of people to create possibilities and resolve problems is a centerpiece of a democratic system. Not only do people have the right to participate in making the decisions that will affect them, but also their participation will improve the effectiveness of the decision-making process (Sanoff 2002). A democratic design process in this context would mean having schools planned by people who will use them, including educators, parents, students, citizens, and members of civic and business organizations.

Educators are beginning to realize that without the support and engagement of parents and community leaders at the local level, any attempts at improving the public schools will ultimately be ineffective. Engagement is when parents and community members collaborate in pursuing their own values and visions for their children's future. Parent engagement is more than volunteering their time for school activities. They initiate action, collaborating with educators to implement ideas for reform. Schools provide the place where people of different backgrounds interact with one another, to listen, to share concerns, to debate and deliberate. Parents and community members can initiate conversations that go beyond the discussion of surface problems and complaints. Through these conversations, people develop the trust and consensus needed for action (Cortes 1995). Other research has shown that parent involvement in schools leads to improved student achievement, reduced absenteeism, decreased delinquency, and reduced dropouts (Howley 2001). As school buildings and classrooms become more welcoming, parent volunteerism will change and increase from attending periodic Parent-Teachers Association (PTA) meetings to active participation.

In education, as in other institutional systems, decisions about school facilities tend to be made by a few people who are not direct building users, often ignoring the direct involvement of teachers and students. Involving a building committee alone does not always solve the problem of gaining school wide support for the project once the design work is completed. Only a process that allows for face-to-face contact between users and those who influence the decisions can result in a sense of ownership in the process and project.

Personal contact between school leaders, teachers, staff, and students in an organized school planning process can result in considerable savings in time and money, since it provides more relevant information more quickly and efficiently than was possible before.

Arguments persist that a participatory process requires more of an architect's time and consequently would result in higher costs. Nothing could be further from the truth. Actually, direct participation through intensive workshops requires less time than conventional methods normally used by architects. Involving all participants in a planning workshop is more efficient than relying on information gathered in a piecemeal fashion over long periods of time.

When community members become a part of a visioning process they are more willing to work together to set goals, solve problems, and, ultimately, provide their schools with the kind of ongoing support necessary to make them successful (Sanoff 2002). At the same time, a re-examination of traditional design and planning procedures is required to ensure that participation becomes more than confirmation of a professional's original intentions (Henry 2000).

7.2   Benefits of Community Participation

A strong facility planning process can reap benefits beyond a pleasant environment. School and community pride as well as faculty morale are raised when the facility planning process involves the right questions, the right stakeholders, and a clear sense of purpose (Copa/Sutton 2001).

For decades, educational leaders discussed the components of a successful educational programme, yet they have regarded the physical setting as an institutional backdrop receiving scant attention. Widespread misconceptions reinforce the view that the quality of the school building has no impact on academic performance. Consequently, a gap exists between the educators' view of improving quality and the process of planning schools. Current learning styles and teaching methods suggest the need for a new form of learning environment characterised by different activity settings and small-group activities (Lackney 2000). To obtain and maintain educational quality, however, requires changes in the facility planning process.

One hundred and fifty years ago, classrooms represented a common teaching method. Today teaching methods have changed, but, often, the design of the classroom has remained static. An examination of current learning styles and teaching methods suggests a new form of learning environment characterised by different activity settings and small group activities.

In order to experience healthy development, students require certain needs to be met. Schoolagers require diversity, which entails different opportunities for learning and different relationships with a variety of people (Levin/Nolan 2000). In a school that responds to its students' need for diversity, one would not find students all doing the same thing, at the same time, in similar rooms. One would not expect to see students sitting in neat rows of desks, all facing teachers who are lecturing or reading from textbooks. Instead, in responsive schools, students and teachers would be engaged in different learning activities in and out of the classroom. A variety of teaching methods including small group work, lectures, learning by doing, individualised assignments, and learning centers, would be used (Jacobs 1999).

Teachers are much more influenced by the physical environment than they realise. Malcolm Seabourne, a historian of school building in England suggests that the building made the teaching method. The separate classroom was a sign that teachers were trusted to be independent and had greater privacy. The classroom was designed and built to represent and shape a particular form of teaching behaviour. The way a school is designed to work reflects social ideas about institutions and the education these institutions are created to further (Grosvenor/Lawn/Rousmaniere 1999). The shape of spaces, furniture arrangements, and signs are physical cues that transmit silent messages, and both teachers and students will respond. These environmental messages stimulate movement, call attention to some things, but not others, encourage involvement, and invite students to hurry or move calmly. This environmental influence is continuous, and how well it communicates with the users will depend on how well the environment is planned. Classroom arrangement is not a mere technicality, or a part of the teacher's style. It reflects assumptions about the teaching-learning process and its outcomes.

The usual classroom seating arrangement of rows headed by a teacher at the front usually assumes that all information comes from the teacher. This arrangement assumes a teacher-centred classroom where the learning process depends upon the teacher's direction. Considering the new thinking about how students learn, Halstead (1992) envisioned the classroom of tomorrow where classrooms will be like studios where students will have their own workspace. In addition, there would be workspaces for cooperative learning by groups of different sizes, quiet private areas for one-on-one sessions, and places where students can work independently. Teachers need to learn how to question the classroom setting in a constructive way, looking for solutions and feeling in control over changeable features. Taking control would permit the teacher to experiment with classroom modifications to determine what works and what does not work, since each teacher and each group of students will be different. The ability for teachers to control the classroom environment leads to feelings of accomplishment and independence, whereas a lack of control may result in helplessness. Awareness can make a teacher sensitive to subtle aspects of the environment and bring to light the adverse effects of a poorly organised environment. The goal in developing classroom awareness is to reach a new understanding of how the environment supports students' activities and nurtures their development.

Although transaction theories of student/teacher participatory interaction have been discussed in the educational literature for decades (Dewey 1916; Friere 1970; Krebs 1982), more recently there is research describing a correlation between student-teacher participatory interaction (STPI) and student motivation to participate (SMP) in the classroom (Dormody/Sutphin 1991; Skinner/Belmont 1993). Similarly, if students experience the classroom as a supportive place where there is a sense of belonging, they will tend to participate more fully in the process of learning (Brophy 1987). The idea of personalised learning environments, which has generated immense interest in the design of classroom clusters, house plans, and school-within-school settings, has magnified the role student commons can play in a school's overall design, serving as a hub for an academic wing or providing a space for alternative teaching strategies.

The following case study illustrates several methods of engaging students, teachers, parents and the school board members in the design process.

7.3   School Design Case Study

The new Gibsonville Elementary School, located in North Carolina is the result of a county-wide school bond, which provided funds for the replacement of a partially condemned historic main building and several small deteriorating classroom buildings. The County school officials selected The Adams Group Architects, Sharon Graeber and Henry Sanoff due to their previous experience of engaging the school community in the design process. At the first teacher/architect/client introductory meeting, teachers expressed the desire to achieve a small intimate scale in their new school. The new 750-student school will include pre-kindergarten through 5th grade classrooms.

The initial step in the design process aimed at identifying students and teachers ideas regarding key features of the new school. These ideas were sought via reviewing the completion of the phrase, *I wish my school*; a summary of students' desires included a colourful environment, extensive use of the outdoors and garden areas, while the teachers were concerned about space for learning centers, space for tutors, and an environment that was open and inviting.

Because the most important element of the school was the classroom, a workshop conducted by the architects focused on classroom design. The teachers who attended were provided with drawings of six different classroom arrangements developed from a study of classrooms by the design team, with each arrangement drawn at the same scale (Figure 1).

Fig. 1: Classroom Arrangement Scale

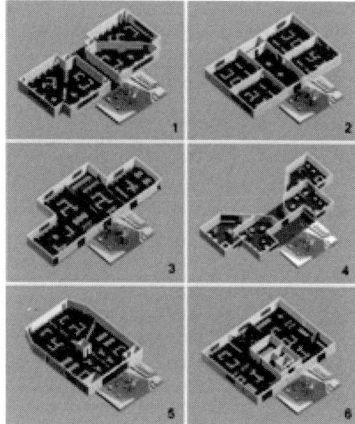

(Henry Sanoff)

Teachers were organised into four-person groups to encourage discussion and idea sharing and evaluated the classroom arrangements.

They identified those classroom arrangements which allow for a variety of learning opportunities, the best arrangement for a variety of teaching methods, variations in seating arrangements, teachers ability to move around and interact with students, and offering a sense of belonging. After considerable discussion, the teachers selected the "L-shape" classroom arrangement as providing the most flexibility in managing space and setting up learning centers. The L-shape was also judged best for allowing a variety of teaching methods, including team teaching, and encouraging small groups to work independently. Teachers agreed that the "L" shape, because of its geometry, encourages higher teacher movement than more traditional classroom shapes. Increased teacher movement in the classroom results in more teacher-student contact and consequently a more positive student attitude towards school, which can lead to enhanced learning.

A second workshop focused on the location of the new school on the 20-acre site, particularly since students as well as members of the community used an existing gymnasium. Access to the gymnasium, existing traffic patterns and the use of existing nature trails suggested several possible building locations. Based on discussions with the teachers three alternative site plans were developed whereby teachers rated each according to such criteria as: the preservation of the condemned but historically significant existing school building; preservation of the trees and natural site conditions; safe traffic patterns; and building entrance visibility.

7.3.1 Design Goals

The overall plan consists of five "L" shaped classroom clusters, each containing its own open courtyard (Figure 2). The design features aimed at enhancing learning resulted from the participation of students, teachers, and parents in the design process. The classroom, which is the basic unit of the school, was viewed as a place where students could work in groups, and engage in different activities simultaneously. Consequently, learning centres became the focal point of the classroom in an "L" shaped geometry. At the teachers' request, the traditional workrooms were replaced by tutoring spaces between classrooms to accommodate small groups of students to work on projects or to engage in peer tutoring.

Fig. 2: Typical "L" Shaped Classroom Cluster

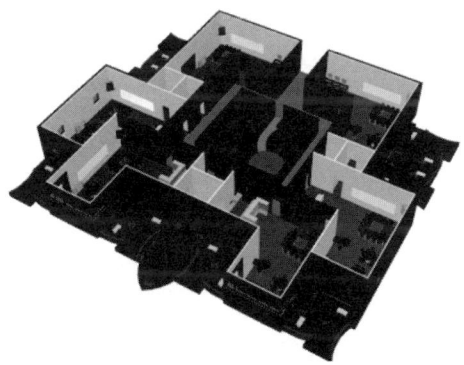

(Henry Sanoff)

Another critical design feature is direct access from each classroom to the outdoors, allowing teachers to create outdoor classrooms that could enhance students' ecological awareness (Figure 3). The central courtyard in each classroom cluster is also seen as a teaching/learning environment. The limited budget did not permit for the development of the courtyards or the outdoor classrooms, however, during the workshops it was agreed that the Parent-Teachers Association would take the lead in developing the courtyards, while the teachers and students would develop their respective outdoor classroom.

During the design, development, and construction documents phase of the project a building committee representing teachers, school officials, construction management and the school board monitored the process through to the completed construction of the building in December 2006. Several months after the initial move-in, a courtyard-planning workshop engaged the teachers in a discussion of variations in courtyard themes and how they could be integrated into the curriculum. Theme images were developed such as a rainforest or natives plants (Figure 4) as well as funding approaches that parents and teachers could explore to implement their ideas.

Fig. 3: Plan of School

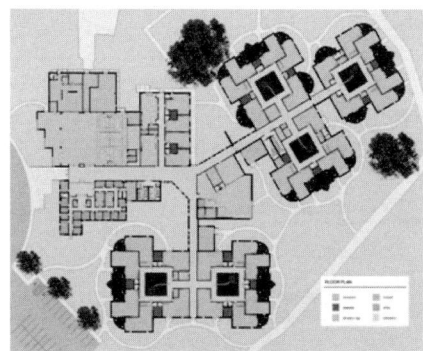

(Henry Sanoff)

Fig. 4: Rainforest Courtyard Plan

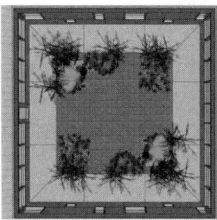

(Henry Sanoff)

7.3.2   Post Occupancy Evaluation

After six months of occupancy a post occupancy evaluation (POE) of the completed building was conducted. The intent was to identify major successes and failures. A seven-point Likert school building rating scale, which was administered to all the teaching staff, focused on overall building performance, which included physical features, outdoor areas, learning environments, social areas, media access, safety and security, and visual appearance. An analysis of the results using descriptive statistics revealed a high degree of satisfaction in most categories. Teachers gave a high satisfaction rating to the visual appearance of the buildings' interior and exterior. Outdoor learning and play areas, media and technology access, safety and security also received very high ratings of satisfaction. Since the courtyards were not landscaped at the time of the POE, teachers expressed their disappointment. In a discussion following the survey results a surprising dissatisfaction voiced by the teachers was the unfinished appearance of the building interior (Figure 5). The building design intentionally revealed the construction and utilities system to allow the building to be a learning environment for the students, an approach that has been successfully employed in "green school" design solutions.

Fig. 5: Teachers Discussion of Survey Results

(Henry Sanoff)

A follow-up workshop focused on classroom layout, since the principal observed that teachers did not organise their classrooms efficiently. The strategy for this workshop was to assemble the teachers to observe different arrangements proposed by the architects. When an agreeable arrangement was developed all teachers were provided with plan drawings of the furniture layout that they could implement (Figure 6).

Fig. 6: Furniture Layout for "L" shaped Classroom

(Henry Sanoff)

As the teachers adjust to their new environment it is likely that they will discover features of the building that could enhance the education programme, since the development of the school building is an ongoing process (Figure 7). Parents and teachers are currently engaged in fundraising to complete the outdoor areas, which will include involving local artists and landscape architects.

Fig. 7: Exterior View of School

(Henry Sanoff)

7.4 Conclusion

Participation in school and community issues places serious demands and responsibilities upon participants. Although people voluntarily organise to participate in community projects, the technical complexity of such projects usually requires professional assistance. In addition to the need to address technical complexity, sound design and planning principles must be incorporated in the school design process. Without guidance, community groups may respond only to situations of crisis and may not achieve the goals that originally united them. The management of participatory efforts is important.

Significant changes in people's behaviour will occur if the persons expected to change participate in deciding what the change shall be and how it shall be made. Good planning for community participation requires careful analysis. Although it is critical to examine goals and objectives in planning for participation, there are various techniques that are available, each of which performs different functions. In the last several decades, there have been numerous efforts to accumulate knowledge about various participation techniques, as well as the function that these techniques perform. Community surveys, review boards, advisory boards, task forces, neighbourhood and community meetings, public hearings, public information programmes, interactive cable TV, have all been used with varying degrees of success, depending on the effectiveness of the participation plan. Because community participation is a complex concept, it requires considerable thought to prepare an effective participation programme.

The key to providing school facilities that meet current and future needs in a given community is to constantly scan the environment, communicate regularly with educators, the community, businesses and policy makers, and stay aware of current educational, design, and environmental issues. Otherwise, reliance on "It's always worked in the past," or on "That's how it has always been done" may well result in the waste of capital resources, dissatisfaction in the community, and reduced opportunities to optimise instruction and educational outcomes.

References

Brophy, J. (1987): Synthesis of research strategies for motivating students to learn. Journal of Educational Leadership, October: 40–48.

Copa, G. & Sutton, S. (2000): New visions, Northwest Education, 6(4): 10–13.

Cortes, Jr., E. (1995): Engaging the community in education reform, Community Education Journal XXIII, 1& 2.

Dewey, J. (1916): Democracy and Education, New York: MacMillen Publishing Co.

Dormody, T. J. & Sutphin, H. D. (1991): Student/teacher participation interaction, motivation, and satisfaction during group problem solving, Journal of Agricultural Education, December.

Friere, P. (1971): Pedagogy of the Oppressed, New York: Herder and Herder.

Gardner, H. (1983): Frames of Mind: The Theory of Multiple Intelligences, New York: Basic Books.

Grosvenor, I. Lawn, M., & Rousmaniere, K. (1999): Silences and Image: The Social History of the Classroom, New York: Peter Lang.

Halstead, H. (1992): Designing facilities for a new generation of schools, Educational Technology, October, pp. 46–48.

Henry, C. (2000): Planning without anxiety, School Planning and Management, 39(10): pp. 28–30.

Horne, S. C. (2000): The children/youth environment and its effects on the practice of teachers. Building Bridges: Connecting People, Research and Design. Proceedings of the 31st EDRA conference, San Francisco, CA.

Howley, C. (2001): Research on smaller schools: What education leaders need to know to make better decisions, ERS Informed Educator. Educational Research Service, Arlington, VA.

Jacobs, E. (1999): Cooperative Learning: An Educational Innovation in Everyday Classroom, Albany: State University of New York Press.

Koul, R. B. & Fisher, D. (2002): A study of perceptions of science classroom learning environment and teacher-student interaction, Paper presented at the International Educational Research Conference of the Australian Association for Research in Education (AARE), Brisbane, Australia.

Krebs, A. H. (1982): Critical points in problem solving, Journal of Agricultural Education 54(10), pp. 5–7.

Lackney, J. A. (2000): Thirty-three Educational Design Principles for Schools and Community Learning Centers, Washington, DC: National Clearinghouse for Educational Facilities.

Levin, J. & Nolan, J. F. (2000): Principles of Classroom Management, Boston: Allyn & Bacon.

Sanoff, Henry (2001): School Building Assessment Methods. Washington, DC: National Clearinghouse for Educational Facilities,

Sanoff, Henry (2002): Schools Designed with Community Participation, Washington, D. C: National Clearinghouse for Educational Facilities.

Skinner, E. A. & Belmont, M. J. (1993): Motivation in the classroom: Reciprocal effects of teacher behavior and student engagement across the school year, Journal of Educational Psychology, 85(4), pp. 571–581.

8 „Lernlandschaften entwerfen"

Peter Hübner

Kurzfassung

Kinder brauchen eine Lernumwelt, die anregt, begeistert, frei macht und Selbstbestimmung ermöglicht. Somit sollte Schule ein individualisierter Lernort werden, bei dem nicht Gestaltung und Ästhetik im Vordergrund stehen, sondern neue Gebäudekonzepte, die neue Lehrkonzepte ermöglichen. Der Entwurf solcher zukunftsfähiger Lernlandschaften erfordert neue pädagogische Erkenntnisse als Grundlage der Planung, eine Flexibilisierung der Räume, die Orientierung an Nutzerbedürfnissen und nicht zuletzt die Partizipation der zukünftigen Nutzer am Entwurf der neuen Lernlandschaften.

Abstract

Children need a learning environment that encourages, inspires, and makes freedom and self-determination possible. Thus, a school should be an individualised learning place where design and aesthetics are not important, but rather explores new building concepts that enable new approaches to teaching. The design of such sustainable learning environments requires new pedagogical knowledge as a basis for planning, the transition to flexible spaces, the orientation of user needs and, not least, the participation of the future users in the design of new learning environments.

8.1 Ausgangslage

Bedingt durch die Länderhoheit hält sich in der Bundesrepublik das dreigliedrige Schulsystem von Jahr zu Jahr beharrlich. Wünschenswerte und längst überfällige pädagogische Reformen werden aber nicht nur von Seiten der Politik, sondern auch von Pädagogen und Eltern blockiert und zusätzlich durch festgefügte, nicht anpassungsfähige Schulbauten oft für lange Zeit erschwert. In der Schule darf bei jeder Form der Ausbildung nicht das bloße Anhäufen von Wissen im Mittelpunkt stehen, sondern vielmehr das selbstständige Aneignen von Lern- und Lebensstrategien. Nur damit erhalten die jungen Menschen jene Kompetenzen, die sie später in Leben und Beruf brauchen.

Ein zukunftsfähiger Schulbau kann nur dann gelingen, wenn neue pädagogische Erkenntnisse als Grundlage für die architektonische Planung dienen und nicht die veralteten Schulbaurichtlinien, die starre Klassengrößen vorgeben. Hier könnten die Südtiroler Schulbaurichtlinien Vorbild sein, nach denen keine Schule ohne ein schulbezogenes didaktisches Konzept genehmigungsfähig ist. Die Bezugsgrößen sind nicht die Klassen mit je 60 m² wie in Deutschland, sondern die Schülerinnen und Schüler mit je vier m².

Vom Gründer der Reggio-Pädagogik, Loris Malaguzzi, stammt der Satz: „Der erste Lehrer sind die Schüler, der zweite die Lehrer und der dritte die Räume!" In unserem Architekturbüro plus+bauplanung GmbH haben wir beim Bau von bisher 25 Schulen die Erfahrung gemacht, dass diese Aussage zutrifft, wenn die Architektur ein stimulierendes Ambiente bietet. Räume können aber auch „schlechte Lehrer" sein, wenn sie unpersönlich sind und keine Identifikationsmöglichkeiten bieten oder wenn den Schülerinnen und Schülern kasernenartige Gebäude mit langen Fluren und aneinandergereihten Zimmern zugemutet werden, die aus kalten und unsinnigen Materialien bestehen und in denen es schlechte Luft und zu wenig Schallschluckflächen gibt. In diesen leider allzu häufigen Fällen können die Räume nicht helfen, sondern behindern eine freie Lernentfaltung. Unternehmen mit großen Bürogebäuden, aber auch der Bereich Handel und Dienstleistungen sind den Schulen in dieser Hinsicht weit voraus. Sie haben längst begriffen, dass Leistung oder Konsum ansteigen, wenn sich Mitarbeiter und Kunden in einer Welt bewegen, die anregend und abwechslungsreich gestaltet und mit natürlichen Materialien gebaut wurde, die möglichst lichtdurchflutet und besonnt und mit Pflanzen und Bäumen begrünt sind und somit den natürlichen Lebensbedürfnissen entsprechen. Es wäre auch in Kindertagesstätten und Schulen höchste Zeit, dieses Wissen umzusetzen und das große Potential an Lebensenergie bei Lehrern und Schülern freizusetzen, weil in den Ausbildungsstätten über die Zukunft unserer Gesellschaft entschieden wird.

8.2 Neues Lernen erfordert neue Räume

Natürlich haben Räume einerseits die rein physischen Rahmenbedingungen wie etwa Luft, Licht, Wärme zu bieten. Andererseits müssen sie die Menschen aber auch von äußeren Zwängen befreien, sie als Individuen widerspiegeln und das Bedürfnis nach einer „Behausung" erfüllen. Der Mensch ist ohne Kleid und Haus nicht überlebensfähig. Schon kleine Kinder bauen sich Höhlen und Nester, werfen Decken über Stühle, um sich darunter geborgen zu fühlen. Räume sollten kommunizieren, die Menschen umarmen und allen ihren Sinnen schmeicheln. So wie in der Arbeitswelt nach individualisierten Arbeitsplätzen verlangt wird, braucht die Schule individualisierte Lernorte. Für die Planung solcher Orte bedeutet dies, dass nicht Gestaltung und Ästhetik im Vordergrund stehen dürfen, sondern Gebäudekonzepte, die Möglichkeiten aufzeigen, die über einen Frontalunterricht im 45-Minuten-Takt hinausgehen. Neue Lehrkonzepte, bei denen sich Schüler und Schülerinnen über Projekt-, Frei- oder Stillarbeit in unterschiedlichsten Gruppengrößen Wissen mit Begeisterung selbst aneignen, zeigen erstaunliche Lernerfolge.

Lernräume sind immer dann am besten, wenn nicht alles in Reih und Glied steht und eine Art kreative Unordnung herrscht, wenn das pralle Leben spürbar ist, wenn es opulent zugeht und kein selbstkasteiendes rechtwinkliges „Geradeaus" vorherrscht. Abgesehen davon ist es ein Trugschluss zu glauben, dass Lernräume flexibel für alle Nutzungen gleich gut geeignet sein müssen. Diese „Alles-ist-möglich-Ideologie" vieler Schulbauten aus den Jahren 1960–1980 mit den variablen Trennwänden ist meines Erachtens gescheitert! Selbst die Laborschule Bielefeld leidet unter den kunststoffbeschichteten überall gleich langweiligen Trennwänden, die zudem gar nicht so häufig versetzt wurden, wie ihre Väter dachten.

Eine charaktervolle Lernumwelt von heute muss vor allem anregen, begeistern, frei machen, individualisieren; und sie muss all jene Kräfte freisetzen, über die jeder Mensch seit seiner Geburt verfügt. Jedes Kind ist neugierig und wissbegierig und voller Tatendrang, und der lässt sich nicht durch „Kasernierung" in stereotypen Klassenkisten, sondern nur durch anregende Lernumwelten ausleben.

8.3   Voraussetzungen für Lernlandschaft

Ein Modell für eine andere Schule ist die von uns zu Beginn der 1990er Jahre geplante multikulturelle Evangelische Gesamtschule in Gelsenkirchen. Diese verfügt über großzügige, lichtdurchflutete, teilweise auch zweigeschossige Räume und ist innen wie außen von viel Holz und Glas sowie Wasser und Pflanzen geprägt. Es gibt mehrere Personen, die, nachdem sie bereits das ganze Gebäude durchquert hatten, sich am rückwärtigen Ausgang nach dem Weg zur Evangelischen Gesamtschule erkundigt haben. Sie hatten die Schule aufgrund ihres andersartigen Erscheinungsbildes überhaupt nicht als solche wahrgenommen, was eigentlich das größte Kompliment darstellt.

8.3.1   Flexibilisierung der Schulräume

Schulhäuser mit langen Fluren und aneinandergereihten Zimmern werden leider immer noch als Regelfall gebaut und zementieren damit einen konventionellen Schulbetrieb. Für einen zukunftsfähigen Unterricht braucht man jedoch zunächst einmal Raumstrukturen mit unterschiedlich großen und kleinen Räumen, in denen drei bis vier Klassen zusammen eine Einheit, einen Cluster bilden. Diese Schulen sollen über vielfältig nutzbare Verbindungswege verfügen, die nicht gleichzeitig Fluchtwege sein dürfen – Rettungswege können stattdessen außen, über die Fassade vorgesehen werden. Dann gibt es unzählige Möglichkeiten, die Klassenräume zu differenzieren: Gibt es etwa eine Galerie, einen Erker, eine Küchenzeile, einen Garten oder nicht? Wichtig ist auch die Loslösung von der Tafel hin zu wesentlich flexibleren Möbelsystemen. Flexible Klassenzimmer können beispielsweise mit Dreieckstische ausgestattet sein, die sich erst gar nicht reihen lassen, sondern zu freien Kombinationen anregen: Tische für einen, vier oder sechs Schüler. Hinzu kommen flexible Wände oder bewegliche Tafelsysteme, an denen Projektarbeiten und Ausstellungen präsentiert und diskutiert werden. Außerdem gibt es Ausstellungsbereiche und verschieden gestaltete Treffpunkte für unterschiedlich viele Schülerinnen und Schüler, gemeinsames Essen, gemeinsames Lernen, Einzel- und Gruppenarbeit.

8.3.2 Orientierung an Nutzerbedürfnissen

Für die Architekten heißt dies, dass sie ihre Energie und Kreativität darauf ausrichten sollten, Lernlandschaften zu entwerfen, in denen nicht immer die Zwänge des Tragwerks, des Brandschutzes, der Akustik, der Ästhetik, der Belichtung oder der Belüftung im Vordergrund stehen. Vielmehr gilt es, die Trennung von Verkehrs- und Nutzflächen aufzuheben und stattdessen völlig frei nutzbare Bereiche zu schaffen. Vor allem aus Brandschutzgründen kommt es bei uns in Deutschland aber nur selten zur Realisierung solcher Bereiche. Doch selbst, wenn diese nur mit kostenintensiven Sprinkleranlagen möglich wären, sollten sie mit Blick auf einen möglichen Gewinn und langfristigen Nutzen den Aufwand lohnen.

Vitale Lernorte solcher Art lassen sich grundsätzlich überall, also auch in Altbauten, einrichten. Bei der Modernisierung von Bestandsgebäuden sollte es aber freilich nicht bei der reinen Sanierung der Fassaden, Fenster und Türen bleiben. Viel wichtiger wären innovative Umbauten hin zu neuen Raumstrukturen, die unterschiedliche Unterrichtsmodelle fördern. Die monotonen Reihen aus identischen Klassenzimmern sollten aufgebrochen werden. Ein praktisches Beispiel: Statt drei klassisch aneinandergereihten Unterrichtsräumen könnte der mittlere Raum durch Abbruch der Flurtrennwand aufgelöst und zusammen mit den Fluren als Differenzierungsbereich und Präsentationsfläche genutzt werden. Das funktioniert nur, wenn die Fluchtwege nach außen zu verlegt und die Flure frei nutzbar werden. Dadurch wird es gelingen, Schulen mit dunklen, langen Fluren in lebendige Lernumgebungen zu verwandeln.

8.3.3 Partizipation

Die Beteiligung der Nutzer spielt immer eine große Rolle. Wir haben sehr viele Projekte in Partizipation realisiert und stellen immer wieder fest, dass Bauen ein zutiefst sozialer Prozess ist. Also muss man als Architekt seinen Selbstverwirklichungsdrang beiseiteschieben und diejenigen ernst nehmen und auch zu Wort kommen lassen, die diese Räume beleben und sich nachher dort wohl fühlen sollen. Innerhalb ganz kurzer Zeit passiert dabei etwas sehr Faszinierendes: Es entwickelt sich eine Vertrauenssituation, die ein vollkommen anderes Verhältnis zwischen Nutzer und Architekt entstehen lässt. Viel wert ist auch allein schon die Tatsache, dass die Betroffenen die Komplexität und Schwierigkeit der Bauaufgabe begreifen und so erkennen, dass es immer viele Lösungen gibt, aus denen man eine „gute" herausfiltern muss. Auf diese Weise entstehen „kundige Bauherren", die eine intensive Beziehung zu ihrem Gebäude aufbauen.

Die beteiligten Nutzer identifizieren sich so mit den Gebäuden, wertschätzen sie und gehen pfleglich mit ihnen um. Das Überraschende ist, dass Gebäude diese Stimmung auch auf Menschen übertragen, die mit dem Bauprozess überhaupt nichts zu tun hatten. Von einer solchen „sprechenden" Architektur fühlen sich die Menschen einfach angerührt – selbst wenn sie über dessen Entstehungsgeschichte nicht Bescheid wissen. Vandalismus oder Graffiti gibt es an solchen Schulen so gut wie nicht.

Erstaunlich ist, dass sich all die flexiblen und differenzierten Raumstrukturen, Marktplätze und Rückzugsbereiche, die letztlich zu Lernorten der Zukunft führen, auch für öffentliche Bauherren als finanzierbar erweisen und nicht ein exklusives Modell für private Institutionen sind. Die Budgets privater Einrichtungen sind oft sogar noch kleiner als bei öffentlichen. Hinzu kommt, dass sich aufwändige Planungen meistens gar nicht in den tatsächlichen Baukosten niederschlagen, weil die Gewerke in der Regel nicht nach ihrer Form, sondern nach den Maßen angeboten und abgerechnet werden. Dadurch kostet ein schiefwinkliger Bau nicht mehr als ein rechteckiger. Die alles entscheidende Frage ist, mit wie viel Kreativität die Architekten nach neuen Lösungen zu suchen bereit sind.

8.4   Modelle von Lernlandschaften

Im Folgenden werden einige der Schulen vorgestellt, die in unserem Büro plus+ bauplanung in den letzten Jahren realisiert wurden.

Abb. 1: Freie Waldorfschule Köln Chorweiler

(plus+ bauplanung)

Die Waldorfschule in Köln wurde im Jahr 1980 gegründet. Seit 1987 suchte die Schule intensiv nach einem Grundstück für einen eigenen Neubau. Im Jahre 1992 wurde ein Grundstück in Köln-Chorweiler gefunden, und wir wurden als Architekten ausgewählt. Es folgte eine zweieinhalbjährige Planungsphase, in der eine außerordentlich intensive Beteiligung aller Schüler, des gesamten Lehrerkollegiums und vieler Eltern stattfand. In vielen gemeinsamen, meist zweitägigen Planungssitzungen wurde das Besondere der Kölner Schule diskutiert, viele alternative Ansätze entwickelt und verworfen und letztlich die Lösung gefunden.

Das Bild der Rose erwies sich als tragfähiges Traummodell. Die Klassen sind gleichsam die Blütenblätter, die zentrale Baumstütze ist der Stängel. Wie bei der Rose entwickelt jedes Blütenblatt und damit auch jede Klasse ihre eigene Freiheit, folgt einer eigenen inneren Ordnung und behauptet sich gegen das Diktat der reinen fünfeckigen Geometrie. Der dreigeschossige Klassenbau entwickelt sich um eine zentrale Oase. Der Saal schiebt sich über zwei Geschosse in das Zentralgebäude hinein und nimmt im zweiten Obergeschoss den Hörsaal mit steigendem Gestühl auf. Das Schulgebäude entwickelt sich ganz von innen nach außen und erzeugt so eine lebendige Fassade.

Die intensive Beteiligung an der Planung und am Bau durch viele der späteren Nutzer führte zu einer für alle erlebbaren Ausstrahlung des gesamten Gebäudes und zu einer sofortigen echten Inbesitznahme durch Schüler und Lehrer.

(plus+ bauplanung)

Schule als Lebensort: Für Kinder ist der prägende Lebensort die Schule, und deshalb sollte sie ein Stück Heimat sein, ein Ort der alle Sinne anregt und an dem man gerne verweilt. Psychologen, Soziologen, Pädagogen, alle, die sich mit dem Menschen und seinen Empfindungen beschäftigen, wissen, wie sehr eine anregende, aktivierende Umwelt Voraussetzung für ein zufriedenes Leben und motiviertes Lernen ist. Häuser und Städte brauchen die gleiche Vielfalt wie Menschen. Erst die Individualisierung befördert das, was Zustimmung, Verständnis, liebevollen Umgang mit den Häusern hervorbringt und Vandalismus einschränkt oder gar ganz vermeiden lässt.

Klassenhäuser: An je einer Seitenstraße liegen sechs Reihenhausgrundstücke, die ein Klassengebäude mit fünf individuellen Klassen für jeweils einen Jahrgang aufnehmen. Dieser bleibt während der gesamten Schulzeit in „seinen" Häusern. Nicht die Schüler werden die Klassen, sondern die Klassen die Klassenbezeichnung wechseln. Jahr für Jahr kam von 1999 bis 2004 eine solche Klassenhauszeile hinzu. In einem stimulierenden Projektunterricht wurden diese mit den Schülern geplant und teilweise gebaut. Jeweils ein(e) Architekt(in) unseres Büros war für eine Klasse zuständig und realisierte in mehreren Etappen im M 1:100 den Traum eines eigenen Klassenhauses. Die Vielfalt der unterschiedlichen architektonischen Ausbildung ist gewollt, wobei auch in Kauf genommen wird, dass nicht alles perfekt ist. Im Gegenteil: gerade auch das Unperfekte, das Fehlerbehaftete erinnert an die gewachsene Stadt.

Abb. 3: Internationale Friedensschule Köln

(plus+ bauplanung)

Auf dem Gelände der Internationalen Friedensschule in Köln entstanden eine Kindertagesstätte mit Vorschule, eine Grundschule, eine weiterführende Schule und eine Oberstufe. Diese Schulzweige werden durch Gebäude für die gemeinschaftliche Nutzung zusammengehalten – Theater, Haus der Stille, Haus der Kunst und Musik, Bibliothek und Sporthalle. Zentrum der ganzen Anlage wird in einem späteren Bauabschnitt das Haus der Stille als Ort der Entspannung und Meditation. In weiteren Bauabschnitten wurden und werden außerdem eine Dreifeldsporthalle, das Haus der Kunst + Musik und das Theater realisiert.

Die Internationale Friedensschule Köln kombiniert zwei Schultypen: eine Internationale Schule und ein mehrsprachiges Gymnasium. Diese pädagogische Grundidee prägt auch das Raumkonzept. Jeweils eine internationale Klasse und eine nationale Klasse haben ihre Räume nebeneinander, nur getrennt durch eine mobile Wand, sodass eine Durchmischung beider Klassen für bestimmte Unterrichtsphasen möglich ist. Eine weitere Doppelklasse befindet sich gleich nebenan. Ein Jahrgang besteht somit aus vier Klassen. Der gemeinsame Jahrgangsflur gliedert sich in Arbeitsbereiche und bietet ausreichend Fläche für Bewegung und Präsentationen. Direkte Fluchtwege ins Freie ermöglichen dieses Konzept. Die Balkone mit Außentreppen erweitern zudem den Klassenraum nach draußen. Den Klassen gegenüber liegt jeweils ein Lehrerzimmer. Schließlich ist jedem Jahrgang auch ein großer Raum für gemeinschaftliche Präsentationen und Versammlungen zugeordnet. Die Raumgestaltung zeichnet sich durch große Flexibilität aus (mobile Möbel, transparente Wände, flexible Tafeln, Küchenzeilen).

Abb. 4: Campus Klarenthal Wiesbaden

(plus+ bauplanung)

Am Ausgangspunkt der Überlegungen stand das pädagogische Konzept mit der besonderen Bedeutung des Theaters. Die Staffelung der Gebäudemassen reagiert auf die landschaftliche Umgebung:

- Die „Klassen" werden eingeschossig wie Gartenpavillons in den Landschaftszug eingebunden.
- Der Hauptbau mit dem experimentellen Werkstatttheater entwickelt sich zweigeschossig, verbindet die Gebäudesubstanz mit dem Erweiterungsbau und betont die vorhandene Höhenentwicklung des Geländes.
- Die Sporthalle wird wie eine Mulde in die Landschaft eingegraben.

Die Baumassen sind so angeordnet, dass die entstehenden Zwischenräume die Baukörper über Plätze verbinden. Alle Baukörper entwickeln sich sowohl zur Landschaft hin als auch zu den Plätzen.

Abb. 5: Schillerschule Walldorf

(plus+ bauplanung)

„Soziale Mitte Walldorf" ist ein Projekt der Stadt Walldorf – der historische Stadtteil wird mit den Wohnbauten der Süderweiterung verbunden.

Die Verbindungslinien führen sternförmig auf eine Mitte, sie kreuzen sich auf einem vom Verkehr freigehaltenen zentralen Platz: ein Treffpunkt der Bürger.

Die soziale Mitte besteht aus Bildungseinrichtungen, Grundschule, Kinderkrippe, Kindertagesstätte, Sporthalle und Mensa. Das komplexe Programm ist in einzelnen Häusern realisiert. Die Eingangsfassaden der Häuser nehmen die Richtung der Verbindungslinien auf. Sie bilden die Raumkanten und sichern die Identität der Nutzungseinheiten. Die Grundrissform der Häuser trennt zwischen öffentlichem Raum und „Privatgarten".

Diese städtebauliche Struktur gliedert die Flächen für den jeweils spezifischen Bildungsauftrag der sozialen Gemeinschaft:

- die Schillerschule als Ganztagesgrundschule
- die KIKRI als Kinderkrippe für die unter Dreijährigen
- die KITA als Kindertagesstätte
- die NSM als Sporthalle und Mensa

Der Freibereich bietet Möglichkeiten und Gerätschaften für Seniorengymnastik über Spielflächen wie Bolzplätze bis zu Kletter- und Jonglierparcours.

Die Häuser wurden unter Beteiligung der Nutzer konzipiert und geplant. Der Gemeinderat beschloss die Realisierung im Passivhausstandard. Die Ausführung in Holzbauweise ist die konsequente Minimierung zur Minimierung der grauen Energie.

NESS – Neubau Schillerschule: Die Schillerschule wurde im südöstlichen Bereich zweigeschossig um acht Klassen erweitert. Die Orientierung der Klassen erfolgt nach Norden, weg vom Platzgeschehen, weg von der Sonneneinstrahlung hin zum neuen Innenhof. Die neue Eingangshalle verbindet den Bestands- mit dem Erweiterungsbau. Das Fluchtwegekonzept über die Terrassen ermöglicht es, den sonst üblichen Rettungsflur als Lernzonen für offenen Unterricht zu nutzen.

KIKRI – Kinderkrippe: Die Kinderkrippe ist auf einer Stahlbetonplatte als eingeschossiger Holzständerbau realisiert. Die fünf Gruppen bilden Nutzungseinheiten nach dem Prinzip „Haus im Haus". Jeder Flurflügel erfährt eine platzartige Aufweitung für gemeinsame Spielmöglichkeiten.

KITA – Kindertagesstätte: Die Kindertagesstätte ist mit ihren fünf Gruppenräumen zweigeschossig. Als Speichermasse und aus Brandschutzgründen sind die Innenwände und die Geschossdecke in Massivbauweise realisiert, die Außenwände sind in Holzständerkonstruktion, die Dachkonstruktion besteht aus sichtbaren Trägerlagen in Douglasie. Eine überdachte Holzterrasse im Obergeschoss bietet Spielraum auch bei Regenwetter, verbindet die Gruppenräume mit dem Freibereich und sichert gleichzeitig die Rettungswege.

NSM – Neubau Mensa und Sporthalle: Die Mensa mit der Küche ist im Schwerpunkt der Platzanlage, als eingeschossiger Holzbau an die Sporthalle angelehnt. Sie vermittelt die Höhe der Sporthalle gegenüber dem Platz. Das Dachtragwerk der Sporthalle bilden Brettschichtbinder in Kombination mit Dickschichtholz. Zwischen den Bindern fällt das Tageslicht gleichmäßig durch die Oberlichter blendungsfrei in die Halle.

Abb. 6: Justus-von Liebig-Schule Moers

(plus+ bauplanung)

Das „Schuldorf" aus Klassenhäusern und Verwaltungsgebäude fordert und fördert täglich die Eigenverantwortung der Schüler sowie eine kritische Auseinandersetzung bei der Arbeit im Unterricht, während der Pausen und nach Schulschluss. Die Gebäudeform und die Architektur der Häuser entstanden aus

Ideen der Schüler und der Lehrerschaft. Über diese Mitverantwortung wurde ein höherer Identifikationsgrad mit der Schule gesichert. Das „eigene Heim" in Form des Klassenhauses will sauber gehalten, gestaltet und der eigene Garten gepflegt werden. Dies geschieht aus dem Wunsch heraus, sich in seinem Haus ohne Anordnung des Lehrers wohlzufühlen. Schule wird nicht zur Lehranstalt, sondern zum Lebensraum. Die Klassenhäuser mit Gärten und Emporen lassen differenzierte Arbeitsformen und Freiarbeitsphasen zu und sind flexibel zu nutzen. Die Einrichtung mit leichten Einzeltischen macht das Umstellen innerhalb des Klassenraumes schnell durchführbar. Die Gärten können als Lernort Umwelt hinzugezogen werden und ermöglichen die für naturwissenschaftliche Bildung so wichtige Methode der originalen Begegnung. Die qualitativ hochwertige Ausstattung und die damit zum Ausdruck gebrachte hohe Wertschätzung werden von der Schülerschaft sehr wohl wahrgenommen. Die Holzbauweise vermittelt eine besondere – fast mediterrane – Atmosphäre, die durch die Farbgestaltung noch unterstützt wird. Beide Faktoren führen dazu, dass Vandalismus und Verschmutzung der Wände durch Graffiti kaum vorkommen. Das Forum ist in seiner Funktion als Veranstaltungsort nicht nur für die Schule, sondern ebenfalls als kultureller Ort für den Stadtteil nutzbar. Die Idee einer Schule mit Jugendzentrum ermöglicht Synergien für die Gestaltung des schulischen Ganztages genauso wie für die Freizeitgestaltung der Jugendlichen. Schule wird so zusammen mit dem Jugendzentrum noch mehr zum Lebensort der Schülerinnen und Schüler.

Abb. 7: Hermann-Hesse-Realschule Tuttlingen

(plus+ bauplanung)

Der Neubau des Ganztagesbereiches bewirkt eine Aufwertung der bestehenden Gebäude. Der Neubau ist der neue Eingang zur Hermann-Hesse-Realschule. Ein großzügiges Vordach bildet den Eingangsbereich. Direkt angrenzend befindet sich die Mensa auf Straßenniveau gelegen. Der bestehende Höhenversatz zwischen EG zum Straßenniveau wird im Neubau überwunden. Durch einen Aufzug (Durchlader) sind alle Ebenen des Neubaus und auch des Bestands rollstuhlgerecht erschlossen. Die Flächen in Erdgeschoss lassen sich als Versammlungsstätte nutzen. Der Musikraum kann zur Bühne umfunktioniert werden. Im Untergeschoss liegen die Werkstätten mit direktem Zugang in den neu geschaffenen Werkhof. Die Absenkung des ursprünglichen Geländes im Bereich des Werkhofes wertet die angrenzenden Unterrichträume im Bestand auf. Alle Räume sind sowohl für die Ganztagesnutzung als auch für den regulären Schulbetrieb multifunktional nutzbar. Neubau und Altbau gehen fließend ineinander über. Neu und Alt verzahnen sich und bilden eine Einheit.

Literatur

Hübner, P./Blundell Jones, P. (2007): Building as a social process – Bauen als ein sozialer Prozess, Stuttgart, London: Edition Axel Menges.
Hübner, Peter (2005): Kinder bauen ihre Schule – Children make their school. Evangelische Gesamtschule Gelsenkirchen, Stuttgart, London: Edition Axel Menges.

9   The school as a city and a city as a school: Future architectural scenarios for the school

Gonçalo Canto Moniz and Carolina Ferreira

Kurzfassung

Das jüngst gestartete Modernisierungsprogramm für Sekundarschulen „Parque Escolar" in Portugal entfachte eine öffentliche Debatte über Lernumgebungen und ihre Erneuerung. Ein wesentlicher Punkt war dabei das Verhältnis zwischen den Schulen und der Stadt bzw. der Öffnung der Schulen für ihre soziale Umgebung. Diskutiert wird dieser Aspekt in pädagogischer, sozialer und architektonischer Perspektive.

In Bezug auf diese Debatte entwickelten Architekturstudenten in einem Projekt (2013–2014) Umgestaltungspläne für die Casa Branca Sekundarschule zum Thema „Schule als eine Stadt", angelehnt an die Ideen von Herman Hertzberg. Diese, in den 80er Jahren gebaute Schule, die nicht in das Modernisierungsprogramm eingebunden ist, war als Antwort auf die Anforderungen einer öffentlichen und verpflichtenden Erziehung als Prototyp eines Pavillon-Modells geplant worden, aber nicht, um eine Öffnung der Schule für die umgebende Stadt zu ermöglichen.

Das studentische Planungsprojekt wurde im Design Studio IV-Kurs am Institut für Architektur der Universität Coimbra durchgeführt. Ziel des Planungsprojekts war, das Schulgebäude so umzugestalten, dass es ein Motor städtischer Transformationsprozesse werden kann. Methodisch wurde in vier Schritten vorgegangen: Erstens wurde die städtische Umgebung der Schule mittels „critical mappings" analysiert, zweitens wurde eine städtische Interventionsstrategie definiert, drittens wurde das Schulprogramm unter Beteiligung der Schulgemeinschaft neu interpretiert, und viertens wurde das architektonische Design, basierend auf den räumlichen, programmatischen, konstruktiven und konzeptionellen Dimensionen, erstellt.

Deshalb wird in diesem Kapitel zum einen das wissenschaftliche Projekt mit einem Ausblick in die Geschichte der portugiesischen Schulhausarchitektur präsentiert, und zum anderen wird die Entwicklung der studentischen Entwürfe als Forschungsmethode zur Reflexion der Beziehung zwischen Schulgebäuden, der Stadt und der Gesellschaft diskutiert.

Abstract

The recent *Parque Escolar* (School Buildings) Secondary School Modernization Programme, generated a debate in Portuguese society about learning facilities and their renovation. One of the topics was the relation between the school and the city or the opening up of the schools to the community, from a pedagogical, social and architectural point of view.

To contribute to this debate, architecture students developed, during 2013–2014, projects to rehabilitate the Casa Branca Secondary School using the theme "School as a City" lent from Herman Hertzberger. This school, not included in the modernisation programme, was built in the 80s under a prototype pavilion model that could answer the demands of a public and compulsory education, but was not designed to establish urban relationships.

The project was proposed by students at the Design Studio IV Course at the Department of Architecture, University of Coimbra, and was focused on the ability of school facilities to be constituted as engines of urban transformation. Thus, the project methodology is based on four research steps: firstly, the analyses of the surrounding urban structure using critical mappings; secondly, the definition of an urban intervention strategy; thirdly, the reinterpretation of the school programme based on a recent research into pedagogic practices and participatory processes with the school community; and finally, the development of the architectural design focused on spatial, programmatic, constructive and conceptual dimensions.

Thus, this paper aims, on one hand, at framing this academic project and this debate within the interesting history of Portuguese school architecture and, on the other hand, at presenting and discussing the future scenarios developed by architecture students as a research methodology to rethink the relationships between the school facilities, the city and the community.

9.1   A brief history of Portuguese school architecture

The recent *Parque Escolar* (School Buildings) Secondary School Modernisation Programme, generated a debate in Portuguese society about learning facilities, particularly on the strategy to transform buildings with architectural, educational and social value. One of the most relevant aspects of the modernisation programme has been focused on "open[ing[schools up to the community" (Blyth et al. 2012: 18) from an educational and social point of view as well as architectural and urban. In fact, this has been a central topic in the characterisation of Portuguese school architecture throughout its develoment during the 20th century, in close relation with the political regimes.

The liberal ideals followed by the last monarchic governments and the first republican ones, planned the construction of lyceums integrated in the urban design process. The school facility played a central role in the urban city development, as we can see in Lisbon and Porto. The buildings designed by Ventura Terra and Marques da Silva included new squares and avenues, bringing education to the central areas of the modern city (Moniz 2007).

The relation between the school and the city was underlined by the Estado Novo regime (1933–1974) with an urban planning policy that controlled the expansion of the city and the education of the younger generations. The Estado Novo master plans from the 40s and 50s were the main promoters of this particular way of organizing the city based on its facilities, because it created a network of public services that put the state close to the citizens, both serving and controlling them (Moniz 2005). This was a political, social and economic strategy of the dictatorial regime with an ideological character (Bodenschatz 2014).

The Estado Novo urban design combined a modern attitude with a classical composition emphasising the monumental character of the public buildings, which was related to an elitist education. But the schools built in the 50s conformed to the 1947's reform of technical education, albeit renouncing the monumentality they maintained a strong relationship with the city through a classroom block that defined a clear urban limit. One of the best examples of this way of thinking about school and the city is the "school group" of Calhabé, in Coimbra, proposed by the city planner Étienne de Gröer, in 1947, and redesigned by Antão Almeida Garrett, in 1956 (Moreira 2014). The lyceum and the technical school are located in the central area of the new urban development defining a square with other educational and sports facilities (Figure 1).

Fig. 1: Antão Almeida Garrett, Urban Plan of Calhabé, Coimbra, 1956.

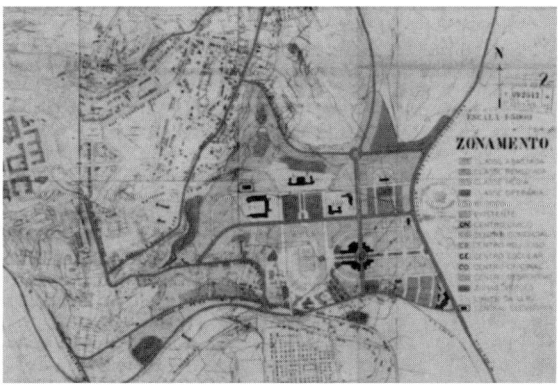

(DGOTDU Archive)

Nevertheless, between the 60s and the 80s, in the transition from dictatorship to democracy, the mass education phenomena changed the educational policies and also their attitude towards school buildings. To build in large scale, all over the country, the School Buildings Office should promote several architectural pavilion prototypes with the same pedagogy and built space. This policy abandoned the relationship of the school with the city, because it was located in the urban peripheral areas and the blocks were not within the urban limits.

The pavilion model was, in some sense, a reaction to the classical and monumental schools designed in the 40s, which also reflected a pedagogical rigidity with an excessive hierarchy of spaces. Developed in the 60s, under the Mediterranean Regional Project, sponsored by the OECD, the prototype projects that had adopted the pavilion model sought a system easily adaptable

127

to any topography or place. Therefore, the pavilions were articulated by external galleries designed to allow extensive implementation of schools across the country with prefabrication construction. Thus, the aim was also to encourage the national industry.

From the point of view of learning spaces, this project provided diverse blocks for classrooms, common areas, specific education (science, artistic and technological) and sports. So, each block was designed with a precise programme in mind. The blocks also included a free playing space environment, a boundless and formless yard, with a democratic character encouraging freedom for each student.

After 1974, the democratic regime continued to develop prototype projects with the block system. However, the projects from the 80s onwards didn't follow the research that supported the 1968 architectural and educational proposal, it simplified the programme and the construction processes with the simple goal of building extensively.

The pragmatism of this process was also related to the divorce between school and urban planning, transferring school space to peripheral areas where land could be acquired at low cost. In this sense, the school abdicated its urban vocation and the city abandoned its educational commitment. In the late 20th century, school facilities were dilapidated and outdated in terms of the relationship between methods of teaching, learning spaces and urban commitment.

Only in the 21st century, the opportunity created by Secondary School Modernisation Program, supported by European policies and funding, allowed to reverse this regression process of learning spaces. The impressive action implemented since 2007 has transformed 105 schools following specific goals and guidelines already discussed (Moniz 2012), analysed (Veloso et al. 2014) and evaluated (Blyth et al. 2012) by others.

To look for other possibilities and scenarios that might answer future educational demands, we will analyse the research developed by students of the Design Studio IV of Coimbra University. These investigations are a contribution to the review of the role of school facilities in the city and whether they allow its rehabilitation through the transformation of a pre-existing structure, while maintaining the pedagogical function and preserving a significant part of the existing complex.

9.2   "The School as a City"

To contribute to this debate, the students of architecture developed projects to rehabilitate Casa Branca Secondary School based on the theme "Transforming School, Rehabilitate the City" related to Herman Hertzberger's proposal, "School as a City" (Hertzberger 2008).

According to Hertzberger, school can be thought of as a small city that provides an understanding of the learning space under a system of streets, courtyards, squares and houses. The distinction between spaces – open and closed; public and private; individual and collective – establishes qualities, responsibilities and hierarchies. These relationships are essential to provide a structure in which students can integrate their individuality in a diverse and heterogeneous community. Hertzberger, therefore, considers school to be an ideal city. Trying to find solutions that give form to this challenge, the Dutch architect and professor developed a typological concept, the "Learning Street". This concept starts from the idea that school can be organised as a complex through urban types such as streets and squares, which create spaces associated with different learning situations. The "Learning Street" also articulates the various functional areas of the school, fostering closeness between the student, the educational programmes and the school community.

"School as a City" and the "Learning Street" are architectural concepts to develop new educational and spatial practices to answer school challenges, as a democratic and inclusive learning space. In fact, following Moos' model to study the influences on classroom learning environments, we would like to underline the idea that "Architectural characteristics can affect social climate directly […] or indirectly through their effect on organizational characteristics […], teacher characteristics […], and student characteristics […]." (Moos 1979: 160).

Also Fernando Távora, a Portuguese architect and professor, thinks the educational role of the discipline of Architecture is in how it effects the pre-existing structures, "(...) contributing to enhance positive aspects to the pre-existing condition, 'and' create new and favourable circumstances, thus performing work of collaboration and education" (Távora 2004: 69). A building is an act of collaboration that understands and respects the continuity of the spatial organisation since its origin to the present circumstance. In this sense, Távora believes that interventions on the built environment should integrate history, culture, society and time. From the methodological point of view, he draws the transformation of spaces over the time, understanding his proposal as only one more in the life of the building.

Both Hertzberger and Távora recognise that the relationship of the building with its place, in its formal, programmatic and constructive aspects, has great influence on the way society is organised.

9.3   The Casa Branca School

As described above, the design of Casa Branca School followed the pavilion model established in the 80s by the School Office of the Ministry of Education and Ministry of Public Works. In this context, Casa Branca School is part of the Coimbra's educational network and is the centre of the neighbourhood with the same name, located in the periphery between the rural and the urban environments.

The school is organized in blocks of classes, administration centres and the canteen. The project follows a standard design principle based on the classroom module with a square plan, known as the "block 3x3" typology. Each classroom, of 50m², was inserted into a regular grid of 7.20m x 7.20m. This grid generates square blocks of 21.60m x 21.60m with two floors, autonomous and standardized. In the central area of the block, the stairs make the link to the atrium of the classrooms and connect the outdoor gallery. Constructively, the pavilions have a concrete structure organized in the same regular grid of 7.20m x 7.20m, with a brick wall and aluminum windows. Nevertheless, this simplified system does not solve current thermal and acoustic requirements presenting, nowadays, several pathologies.

Simultaneously, these blocks shape the formal learning spaces (classrooms, laboratories or workshops) and the non-formal areas (library, office, board) around the central stairs that have natural light through a system of skylights. The spaces for the students (cafeteria and canteen) were built in another block occupying a top position relatively to the main axis of the classroom blocks.

The site is organised by platforms where the four educational blocks were planned around a central patio defined by the gallery connecting to the canteen. The exterior sports areas are organised in the upper platform defining the school zone limits to the east. The sports block, built later, does not establish relationships with other learning spaces. However, academic and sports pavilions have no direct contact with the street. The contact with the street is defined by a concrete wall with grads.

Implanted in a growing peripheral zone, Casa Branca School was absorbing the urban growth of Coimbra from the 80s until now, integrating a heterogeneous tissue of confronting rural, urban and commercial areas with traffic routes. Today the consequences are visible at the level of territorial organisation that this form of planning school networks triggered: a segregated tissue, with scattered clusters of difficult relationship between them.

9.4   Research through design

Architectural Design IV's brief proposed to students to focus on the reinvention of the educational programme, based on its design, but exploiting their specific functions with broader urban intentions. Students should think "School as a City", the aforementioned expression of Herman Hertzberger (2008), with the aim of reinforcing the importance of the sense of community that school has through the enhancement of informal learning spaces over formal ones. Of course, Hertzberger is based on the Alberti's dictum that "the city is like some large house, and the house is in turn like some small city" (Alberti 1991: 23) by Leon Battista Alberti (1404–1472)[1], but here we suggest that, on one hand, "the school is a small town" with the intention of exploring the quality of informal spaces (atrium, corridors, courtyard, etc) as communitarian public spaces, and on the other hand, that "the city is a big school" where the process of learning has no limits, that is, the city is the learning space par excellence.

This relation between the school and the city also follows the tradition of 19th century urban planning, where the school is an engine of urban regeneration, by its ability to integrate the school community but also to structure the public space. Thus, the project methodology has established four research stages: firstly, the analyses of the surrounding urban structure through critical mappings; secondly, definition of a strategy for urban intervention; thirdly, reinvention of the school programme based on participation processes with the school community; fourthly and finaly, development of an architectural design proposal across spatial, programmatic, constructive and conceptual dimensions.

The initial phase is characterised by a moment of analytical reflection that allows a critical assessment of the building and its context, crossing a historical, educational and sociological study with a technical and data one (Moniz, 2012: 172). Then, activities were carried out where students drew interpretative maps[2] of the singular circumstance of Casa Branca School to develop proposals and strategies that foster the integration of pedagogical and urban dimension of the school complex through its organisation. According to Alexandre Alves Costa (2006: 81), this methodology enables "the search for a synthesis that brings together the flow of time and can serenely embrace the future".

---

1   "If (as the philosophers maintain) the city is like some large house, and the house is in turn like a some small city, cannot the various part of the house – atria, xysti, dining rooms, porticoes, and so on – be considered miniature buildings?"

2   The mapping is a technique that allows, by means of graphical representations, to diagnose the context. It establishes a system of representation that reflects aspects of the organization and perception of the territory, seeking its understanding by drawing. Cf. (Providência, Moniz 2012)

The students' work, conducted as a group, showed different interpretations of the territory, which require different intervention strategies:

relation of the school with the surrounding neighbourhood; articulation between the school and the urban voids; and integration of the school in the mobility system. Simultaneously, the student's analysis and criticism led to the definition of urban intervention strategies through the school programme. In this context, urban, programmatic and constructive topics were always balanced by a strong awareness of the historical significance of school building and of the urban space, i. e., of the architectural, urban and pedagogical school legacy.

However, the intervention in existing buildings, as with this school, created complex problems due to their functional specificity and constructive weakness, concerning the typified production systems. In this sense, the constructive system of the students' projects was developed in direct collaboration with the Construction Course. On one hand, to understand and correct the existing constructive system through a survey and, on the other hand, to develop more sustainable solutions that improve the quality of the living habitat. The process was completed with the call for participation of school users. In some visits, we fostered the discussion with teachers and students in order to engage and integrate other perspectives on the learning space. It was intended, therefore, to develop a critique of the school's programme with the goal of creating interdependencies between both contexts.

Fig. 2: Casa Branca School, entrance

(Photo: Gonçalo Canto Moniz)

9.5 Construction of architectural and pedagogical programme

The Casa Branca School programme follows the pattern of secondary schools with more than 500 students and 30 classrooms but presents specific aspects, as part of the identity of the school, such as the spaces to support special education resource centres, theatre and dance clubs[3].

From a programmatic point of view, the relationship between school facilities and the city was perceived by students as an opportunity to transform the curriculum of Casa Branca. In general, the proposals resulted in less interventional postures, retaining the pre-existing structures, as well as attitudes of rupture, by scrapping part of the built area. From these assumptions, the projects proposed solutions to enhance the urban relationship, to solve the tension between the new blocks and the existing buildings and, also, to develop school programmes that share activities with the community. (Figure 3, 4)

Fig. 3: Students' work, Continuity with existing buildings

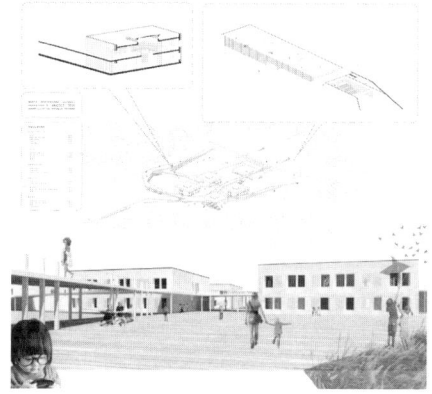

(Maria Montenegro Vazquez)

Fig. 4: Students' work, Rupture with existing buildings

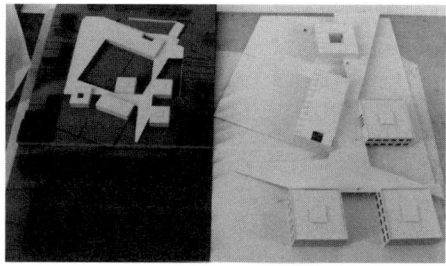

(Juliana Ferreira)

---

3   Educational Project of "Agrupamento de Escolas Dr.ª Maria Alice Gouveia, 2011–12" in http://eb23mag-m.ccems.pt/

According to these topics, the limit of the school complex defined by the frontier between the public and the private became one of the main architectural problems. Two of the proposals worked in opposition to the idea of limit. In one case, the boundary is drawn with a distribution gallery that is simultaneously sealing the school grounds and organising the courtyard; this design principle also redirects the existing block with the intention of establishing connections with its surroundings (Figure 5). In another case, the proposal chose not to close the school perimeter, but to eliminate the barriers, thus opening the school space to the city (Figure 6). Formally, this project structures and draws the space through pathways that, in certain moments, host new school programmes. Generating a new rule of urban composition, these pathways connect all existing pavilions between them and the neighbourhood. This proposal can, in a direct and clear way, refocus, articulate and create new urban typologies for a new school programme.

Fig. 5: Students' work, closed school limits

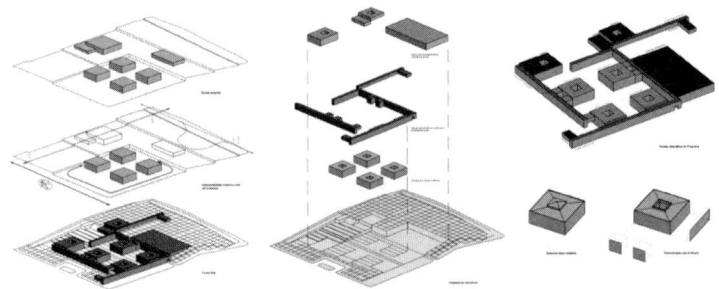

(Alende Sanchez Patiño)

Fig. 6: Students' work, open school limits

(Maria Montenegro Vazquez)

Another proposal proposes a spatial organisation based on a circulation axis that is both private and public. The proposal stands out for overlapping circulation systems of distinct uses. Thus, it ranks the hierarchic functions and programmes with the introduction of new narrow and slender blocks that also draw all urban fronts. The gradation of spaces from a more intimate environment to most public programmes is thus achieved, while providing open and enclosed spaces to the passage and enjoyment of Coimbra's community.

The school was also reinvented with new urban typologies as "boulevard", streets, squares, arcade, etc. On one hand, the well-known urban typology 'boulevard' was used in some proposals as a corridor that brings together some facilities and school and city events (Figure 7). On the other hand, a wide street adds programmes that can only be either for school or public use, such as libraries, gymnasiums, auditoriums, among other (Figure 8). Opposed to the 'boulevard', other proposals have explored the idea of a square, as a space of articulation between the school and the city, not only through the public space, but also through facilities shared by both entities, such as the library.

Fig. 7: Students' work, Boulevard

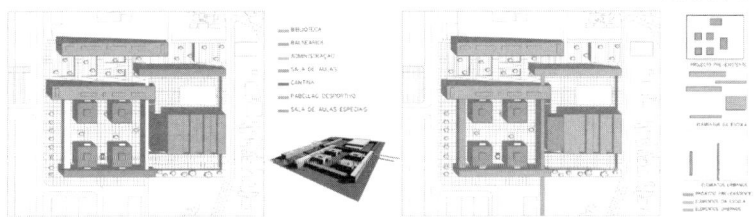

(Jorge Nuez)

Fig. 8: Students work, Square

(José Lima)

9.6   Final Thoughts

Throughout the school year, the students developed a strong critical awareness of the significance of the school space and its urban potential. In general, the exercise criticised certain conceptions of a school-centered classroom and the idea of controlled and delimited space. In this sense, solutions contradict the using of walls as a control dispositive and explore more permeable elements as a gallery, a path, a *topographical unevenness,* etc.

Thus, the informal spaces become spaces with a strong pedagogical nature, understood as an extension of formal spaces, thereby promoting a more democratic, humanistic and   more responsible education, where individual learning is replaced by collective work and a dialoguing attitude.

Also aware of the limitations of the surrounding urban space, the proposals sought to provide the city and Casa Branca neighborhood with qualified public spaces that promote the redevelopment of urban community life. Thus, this exercise aimed at developing students' critical attitudes towards the involving circumstance, namely the learning spaces and its relations with the society.

References

Alberti, L. B. (1991): On the Art of Building in Ten Books.Place of publication: MIT Press.
Blyth, A.; Almeida, R.; Forrester, D. et al. (2012): Modernising Secondary School Buildings in Portugal. Paris: Organisation for Economic Co-operation and Development.
Bodenschatz, H. (2014): "Urban design for Mussolini, Stalin, Salazar, Hitler and Franco (1922–1945)". In: Planning Perspectives. 29 (3), pp. 381–392.
Costa, A. A. (2006): "Quando o património é a casa do vilão". In: A. A. Costa: candidatura ao Prémio Jean Tschumi, Prize Nominee, UIA 2005. 1. Aufl. Lisboa OA-CDN ; Caleidoscópio, pp. 80–85.
Hertzberger, H. (2008): Space and learning: lessons in architecture 3. Rotterdam: 010 Publishers.
Moniz, G. C. (2007): Arquitectura e instrução: o projecto moderno do liceu: 1836–1936. Coimbra: EDARQ (Debaixo da telha).
Moniz, G. C. (2012): "Intervenção sobre o Espaço Liceal Moderno: Problemas, Estratégias e Respostas". In: Anuário do Património. (1), pp. 172–179.
Moos, R. H. (1979): Evaluating educational environments. Jossey-Bass Publishers.
Moreira, M. S. (2014): "Escola e cidade : zona escolar do Calhabé". (Tese de Mestrado) Coimbra: Universidade de Coimbra.
Providência, P.; Moniz, G. C. (2012): "Cognitive Urban Mappings as a tool for research by design teaching". In: Theory by Design: Architectural Research Made Explicit in the Design Studio. ASP - Academic & Scientific Publishers, pp. 241–249.

Távora, F. (2004): Da organização do espaço. 5ª ed. Porto: FAUP (Argumentos).

Veloso, L.; Marques, J. S.; Duarte, A. (2014): "Changing education through learning spaces: impacts of the Portuguese school buildings' renovation programme". In: Cambridge Journal of Education. 44 (3), pp. 401–423.

10 Lärm und Ruhe in ihrer Bedeutung für Schule und Unterricht

Rotraut Walden

Kurzfassung

Lärm wirkt als einer der stärksten Stressoren neben schlechter Luft auf die Gesundheit von Menschen ein. Menschen sind oft für diese Art von Schäden nicht sensibilisiert, da sie auch rauschhafte Zustände in angenehm erlebter Musik anstreben. Ausgehend von der These, dass jede Art des Sprechens im Hintergrund Unterricht negativ beeinträchtigen kann, beschäftigt sich dieser Beitrag damit, wie Lärm Unterricht und damit sprachliche Verständigung stören, wie Zuhören gefördert werden kann, welchen Sinn „Stille" hat und was Akustiker und Pädagogen dafür tun können.

Abstract

Teaching staff in schools are rediscovering the value of active silence, which plays a central role in the Steiner and Montessori conception of education (Buddemeier, 1990; Spranger, 1957; Schick, Klatte & Meis, 1999: 83). Lesson plans include, for instance, the teaching of hearing through "hearing walks," relaxation, concentration, and silence exercises, and audio dramas such a "the treasure of silence." Children should, according to the materials of Germany's Federal Centre for Health Education, become sensitized to these questions: "Is this too loud?" "Is this loud for too long?" "Am I bothering those around me?"

In this Chapter we show how noise interrupts teaching and learning and how teachers might deal with noise and silence.

10.1 Einleitung

„Ohren lassen sich bekanntlich nicht verschließen, Schall dringt durch Wände." Geräusche können dadurch, dass sie einen Raum füllen, in benachbarte Räume dringen, Kommunikation erschweren oder gar unmöglich machen (Mayr 2002: 196). Durch die dienende, passive Funktion, die das Ohr ausübt, ist das Ohr und über das Ohr der Mensch selbst der Welt ausgeliefert. Nur mit Ohropax oder schallabweisenden Kopfhörern o. ä. lässt sich das Hören verhindern. Im „Aufgehen in der Musik" kann dies eine beglückende Erfahrung sein.

Der Mensch kann sich gegen Lärm nur wehren, wenn er sich die Ohren zuhält oder flieht. Ist beides nicht möglich oder nicht gewollt, wie etwa bei starkem Lärm oder sehr lauter Musik, dann wird das Präzisionsmessgerät „Ohr" stumpf und schließlich taub. Für den Gehörlosen besteht die Gefahr, den Kontakt zu den Mitmenschen zu verlieren, damit in eine innere Isolation zu geraten und zu vereinsamen. Immer wieder fragen sich Betroffene: Ist es belastender zu erblinden oder zu ertauben? (Hellbrück/Ellermeier 2004: 21)

Gerade bei Jugendlichen fällt auf, dass sie oft in großer Lautstärke einen MP3-Player anstellen, im Auto das Radio voll aufdrehen und sich länger als früher in den Diskos großen Geräuschpegeln aussetzen. Haben Forscher zu der Wirkung von starken Geräuschpegeln Antworten? (BzGA 2001) Die Bundeszentrale für gesundheitliche Aufklärung/Köln (2001) zählt einige Fakten auf, die für das Thema Lärm sensibilisieren:

- „Die jährlichen Kosten zur Behebung von Schäden, die durch Umweltlärm in Deutschland erzeugt werden, betragen mindestens 13 Mrd. Euro.
- 20% der Bevölkerung in der EU (80 Mill. Menschen) leiden tagsüber unter Verkehrslärm mit über 65 dB (A).
- Menschen, die an derart lauten Straßen wohnen, haben ein um 20% erhöhtes Risiko für Herzinfarkte.
- 5 Mill. Arbeitnehmer in Deutschland sind während ihrer Arbeit gesundheitsgefährdendem Lärm von über 85 dB (A) ausgesetzt. Die Folge sind jährlich ca. 3000 anerkannte Fälle der Berufskrankheit ‚lärmbedingte' Schwerhörigkeit.
- Jugendliche weisen auf Grund missbräuchlichen Musikgenusses verstärkt irreversible Schäden im Innenohr auf. ¼ aller jungen Menschen hat bereits nicht heilbare Hörschäden." (BZgA 2001: 68)

Diese Fakten motivieren die BZgA (2001), dazu Materialien, die sich mit dem Thema „Lärm und Gesundheit" beschäftigen, für den Unterricht bereitzustellen.

Schick et al. (2003; 2014) wiesen darauf hin, dass viele Schulräume Lernen und Kommunikation behindern, weil bei der Planung die Akustik vernachlässigt wird. Vernachlässigt wird zudem, dass vollkommene Stille im Unterricht so gut wie nie möglich ist: Tuscheln, raschelndes Papier und knarrende Stühle verursachen einen erhöhten Geräuschpegel.

Jede Art des Sprechens im Hintergrund stört bei der Konzentration auf den Unterrichtsgegenstand, da das Kurzzeitgedächtnis beschäftigt wird, denn Menschen halten Sprache für sich immer als potentiell bedeutungsvoll (Brüser 2010). Sprechen hat Signalwirkung, nur wenn es sehr entfernt klingt, geht es über in eine Art „Gemurmel", das dann wie Rauschen wirkt und dadurch teilweise erst ausgeblendet werden kann.

Zum Beispiel wird die Laborschule Bielefeld auch aus akustischen Gründen kritisiert, deren offene Planung und Gestaltung zu viele Hintergrundgeräusche zulässt, ähnlich wie in Großraumbüros.

Alle Menschen, aber insbesondere Kinder und Jugendliche lassen sich durch andere Gespräche leicht vom eigentlichen Geschehen ablenken (vgl. Neumann/Hochberg 1983). Prinzipiell gilt: Ob es in der Muttersprache oder einer Fremdsprache erklingt (Klatte/Kilcher/Hellbrück 1995), Sprechen stört.

10.2 Der Begriff Lärm

Der Begriff „Lärm" leitet sich ab von dem Wort „Alarm", das aus dem Italienischen kommt, von „all' arme"; dies bedeutet „zu den Waffen". Lärm ist ein akustisches Signal, das Mensch und Tier vor Gefahren warnt (Hellbrück/Ellermeier 2004: 47). Die Funktion von Geräuschen, vor Gefahren zu warnen, weist auch darauf hin, dass vollkommene Stille sogar unangenehm werden kann, wenn dadurch die Warnung vor Gefahren unmöglich wird. Selbst in dem Film „Die große Stille" gibt es Geräusche: Glockengeläut, das Knarren von Stiegen, Schritte auf dem Boden, das Klopfen eines Stockes, während ein älterer Mönch über die Treppe geht, Regentropfen am Fenster, Rascheln von Blättern im Wind.

Deshalb ist eine absolut ruhige Schule kein Ideal, vielmehr folgte aus der größeren Freiheit beim Lernen notwendig auch ein gewisser Anstieg des Lärms. Dass Kinder auch Lärm machen dürfen und sollen, betont insbesondere die Kreativitätsforschung (Schick/Klatte/Meis 1999: 83) und wird an Konzepten wie „offener Unterricht", „Stationenlernen", Gruppenarbeit, Musikunterricht und Freude bei Spiel und Sport deutlich. Gerade deshalb sollte die Raumakustik so sein, dass der natürliche Lärmpegel nicht noch verstärkt, sondern vielmehr gedämpft und gemildert wird (Schick/Klatte/Meis 1999: 83). Schule und Unterricht leben vom Zuhören und der Informationsvermittlung über Sprache und Klänge. Doch diese Verständigung ist störanfällig, gerade durch Lärm (Klatte/Meis/Nocke/Schick 2004: 38).

10.3 Grundlagen zur Analyse von Schallwirkungen

10.3.1 Zur physikalischen Betrachtung des Schalls

Schallwellen sind eine Bündelung von Druckschwankungen, die um die jeweilige Nulllinie erzeugt werden und sich mit einer Ausbreitungsgeschwindigkeit von 344m/s bei 20° C Lufttemperatur fortsetzen (Hellbrück/Ellermeier 2004: 61). Die Form der Wellen ist abhängig von der Art der Schallquelle, von reflektierenden Hindernissen und Interferenzen (Überlagerungen). Die Geschwindigkeit der Wellen ändert sich dabei jedoch nie.

Indikatoren für die Wahrnehmung von Geräuschen als Lärm sind:

- „Dauer (Zeit)
- Schalldruckpegel (Lautstärke). Die Amplitude der Schwingung bestimmt die Lautstärke. Die Lautstärke wird in der Einheit Dezibel (dB) gemessen.

- Frequenz. Die Zahl der Schwingungen der Luftmoleküle pro Sekunde wird Frequenz genannt. Die Maßeinheit für die Frequenz ist 1 Hertz, 1000 Hertz sind 1 kHz.Der Hörbereich des Menschen erstreckt sich von tiefen Tönen von 16 bis 20.000 Hz.
  - Sprachbereich 100 Hz bis 5000 Hz
  - Musikbereich 50 Hz bis 12.000 Hz
  - Subjektives Empfinden – Belästigung"
  (Schick 1997: 35)

Die gehörschädigende Wirkung des Schalls ergibt sich aus Schallpegel und Einwirkzeit. So schädigen z. B. 40 Stunden Arbeit bei 85 dB (A) (Beginn des Risikos für Lärmschwerhörigkeit) pro Woche ebenso wie vier Stunden Aufenthalt pro Woche in einer Disko mit 95 dB (A) – auch wenn der Lärm in der Disko als angenehm empfunden wird. In einer Disko mit 105 dB (A) ist diese Schädigungsgrenze bereits nach 24 Minuten erreicht (BZgA 2001: 19). Bei 120 dB (A) liegt die Schmerzgrenze, nach der bereits einmalige Hörereignisse nicht heilbar das Gehör schädigen.

Ein besonderes Risiko entsteht durch Impulsschall (Kuss am Ohr; Knackfrosch direkt am Ohr). Impulsschallereignisse werden subjektiv als leiser wahrgenommen, als es ihrem Schallpegel entspricht. Die so erzeugte einmalige Vertaubung kann zu lebenslangem Hörschaden führen (BZgA 2001: 20).

Lärm und Belästigung ist nicht gleichbedeutend. Natürliche Geräusche und Musik belästigen trotz hoher Lautstärke weniger.

10.3.2 Lautheitsadaption

Schallereignisse brauchen eine Mindestzeit, damit sie angemessen vom Menschen wahrgenommen werden können. Tritt ein Geräusch, gleich welcher Art, unter 200 Millisekunden auf, so nehmen Menschen nur einen „Klick" wahr. Wenn Menschen aber in einen Raum kommen, in dem ein Dauergeräusch, etwa das leise Surren einer Klimaanlage, den Raum erfüllt, hören Menschen das Geräusch zwar zunächst, doch nach wenigen Minuten haben sie sich an das Geräusch gewöhnt und nehmen es bewusst nicht mehr wahr. Bei diesem Alltagsphänomen handelt es sich um eine automatische Lautheitsadaption (Spurzem 2003; BzgA 1997). Das Verhältnis Auge zu Ohr hat bei Untersuchungen große Diskussionen ausgelöst. Sehr viele Autoren (BzgA 2001; Klatte, Meis & Schick 2002; Schick 1997) betonen, dass sich das Gehör anders verhält als die anderen Sinnesorgane. Während sich das Auge auf wechselnde Lichtverhältnisse einstellt, die Nase auf unterschiedliche Gerüche und die Wärmerezeptoren auf unterschiedliche Temperaturen, adaptiert sich das Gehör nur in den genannten Ausnahmefällen. Adaptation des Gehörs meint, dass laute Umgebungsgeräusche wie Diskogeräusche nicht mehr gehört werden.

Nur einzelne, besonders laute oder sinnhafte Geräusche wie die Nennung eines Namens heben sich hervor. Es gibt in der Lärmwirkungsforschung einen Effekt, den man als „Irrelevant-Sound"-Effekt bezeichnet (ISE). Bei den meisten Versuchspersonen findet man eine beträchtliche Leistungsverschlechterung mit einem sprachhaltigem Hintergrundschall ab 45 dB (A). Kontinuierliche Schalle wie künstliches Breitbandrauschen oder Autobahnlärm beeinträchtigen die Leistung dagegen nicht. Verständliche und unverständliche Sprache, Bürolärm mit Telefonklingeln, Faxgeräuschen sowie insbesondere Stakkato-Musik wirken als Hintergrundschall gleichermaßen leistungsverschlechternd. Auch gewöhnt man sich nicht an den Störeffekt – auch bei längerer Testung. Es ist zu vermuten (vgl. Klatte/Meis/Schick 2002: 33), dass typischer Klassenraumlärm ähnliche Auswirkungen hat, obwohl diese Störung oft subjektiv gar nicht als solche empfunden wird.

10.4 Lärmuntersuchungen in Schulen

10.4.1 Durchschnittliche Schallpegel und Spitzenwerte

Aus den Ergebnissen der Untersuchungen in Schulen von Klatte et al. (2003) geht hervor, dass der Unterricht im Allgemeinen zu laut ist. Die Schallpegelmessung während einer Unterrichtseinheit liegt mit 60–90 dB zu hoch. (Spurzem 2003; BZgA 1997). Aus Berliner Messungen kennt das Umweltbundesamt sogar 76 dB (A) Mittelungspegel über acht Stunden in einer ersten Grundschulklasse (Schick/Klatte/Meis 1999: 79).

Dabei wird mehrfach darauf hingewiesen, dass für Arbeiten, die eine ständige Konzentration erfordern, das Höchstmaß mit einem Pegel von 45–50 dB eingehalten werden soll. Dabei muss die Person, die für Ruhe sorgen soll, bis zu 10–15 dB lauter werden, um gegen den Lärm „der Masse" anzukommen. 1997 hat die Firma Sennheiser (Schick et al. 1999) in Klassenräumen folgende durchschnittliche Geräuschpegel gemessen: In Klassenräumen ohne Schüler lagen die Messungen zwischen 43 und 47 dB (A), in Klassenräumen mit Schülern stiegen die Werte auf 75 dB (Vorschule) und 65 dB (Grundschule und weiterführende Schulen).

10.4.2 Arbeitsstättenverordnung

Laut Arbeitsstättenverordnung sollte der Lärmpegel an Arbeitsplätzen und im Schulunterricht mit vorwiegend geistigen Tätigkeiten 55 dB(A) nicht überschreiten. Bei Mittelungspegeln ab 85 dB(A) muss an gewerblichen Arbeitsplätzen Gehörschutz bereitgestellt werden (Klatte/Meis/Nocke/Schick 2004: 38). Das heißt, wo eigentlich Gehörschutz nötig ist, kann nicht gelernt werden.

10.4.3 Raumakustik

Die wichtigste Kerngröße der Raumakustik ist die Nachhallzeit, deshalb gibt es für sie eine DIN-Größe (siehe unten). Sie gibt die Zeitdauer in Sekunden an, wie lange ein Schallereignis „nachklingt". Dies hängt von der Größe des Raumes sowie von den akustischen Eigenschaften der Raumbegrenzungsflächen und Einrichtungsgegenstände ab. Herrscht in einem Raum eine zu lange Nachhallzeit, so werden beim Sprechen nachfolgende Silben durch die vorhergehenden verdeckt, die zu lange nachklingen. Es kommt zu Verzerrungen des Sprachsignals, die die Sprachverständlichkeit verschlechtern. Zudem verbleiben bei zu langer Nachhallzeit unerwünschte Geräusche (z. B. Stühle rücken, Füße scharren, husten, blättern, klappern mit Stiften) zu lange im Raum – der Lärmpegel steigt. Nach DIN 18041 (Hörsamkeit in kleinen bis mittelgroßen Räumen, 1968) sollte die Nachhallzeit in einem durchschnittlichen Unterrichtsraum bis zu 0,7 Sekunden betragen. Fachleute fordern geringere Werte bis 0,3 Sekunden. Kein Nachhall in schalltoten Räumen wird ebenfalls als unangenehm und unnatürlich erlebt (Klatte/Meis/Nocke/Schick 2004: 38).

Vorliegende Messungen belegen jedoch, dass der Wert von 0,7 Sekunden in vielen Schulräumen deutlich überschritten wird.

Nach einer Untersuchung von Klatte mit Psychologen der Universität Eichstätt im Stuttgarter Raum zeigt sich, dass Kinder aus hallenden Klassenräumen ihre Mitschüler öfter als sehr laut empfinden, häufiger ermahnt werden, leiser zu sein, und ihre Umgebung in der „Stillarbeitszeit" seltener als wirklich still bewerten (Brüser, Internet-Zugriff vom 31.01.15).

Insbesondere im Bereich der tiefen Frequenzen sind die Nachhallzeiten oft erheblich zu lang. Besondere Probleme bestehen in Turnhallen, Lehrküchen und anderen Funktionsräumen für die sich dort häufig aufhaltenden Fachlehrer, weil sie, wenn sie dem Lärm längere Zeit ausgesetzt sind, Störungen in der Stimme und im Gehör bekommen (Klatte/Meis/Nocke/Schick, KZ 2003: 237).

10.4.4 Maßnahmen zur Senkung des Hintergrundschallpegels

Gerade Räume, in denen es durch die dort stattfindenden Aktivitäten zwangsläufig laut zugeht, sollten raumakustisch so gestaltet sein, dass der Lärm in erträglichen Grenzen gehalten wird. Tatsächlich sind die akustischen Bedingungen jedoch oft so schlecht, dass sprachliche Kommunikation – wenn überhaupt – nur durch lautes Schreien möglich ist. So sind beispielsweise Sportlehrer nicht selten Pegeln zwischen 90 und 100 dB(A) ausgesetzt. An industriellen Arbeitsplätzen ist unter solchen Bedingungen das Tragen von Gehörschutz vorgeschrieben, in der Schule wird diese Lärmbelastung toleriert bzw. kaum wahrgenommen und damit auch nicht diskutiert

Häufig sehen Architekten und Lehrer schlechte Akustik in Schulen als unvermeidbar an, obwohl solche Nachhallzeiten mit relativ geringem Aufwand verbessert werden können (Hagen 2013; Schick/Klatte/Meis/Nocke 2003, 2014).

10.5 Effekte von Lärm auf mentale Leistungen

Aus den umfangreichen Laborstudien bezüglich der Effekte von Lärm auf mentale Leistungen lassen sich nach Schick, Klatte und Meis (1999: 77) mehrere Schlussfolgerungen ableiten:

- „Monotone, einfache und Routine-Aufgaben werden durch Lärm unter 95 dB (A) nicht behindert.
- Bei komplexen, auf Sprachverarbeitungsprozessen im Arbeitsgedächtnis beruhenden Aufgaben sind Lärmeffekte schon bei Schallpegeln von 70 bis 80 dB (A) nachweisbar. Diese Effekte bestehen u.a. in einer Einengung der Aufmerksamkeit, welche sich z. B. im Rückgriff auf möglichst einfache Lösungsstrategien ausdrückt."

Die Störwirkung des Hintergrundgeräuschs hängt nur zu einem geringen Teil von dessen Lautstärke ab. Es kommt vielmehr auf die Art des Schalls an. Ein gleichmäßiges Hintergrundrauschen (wie das Geräusch von einer entfernten Autobahn, das entspricht dem „rosa Rauschen") bewirkt zumeist keine Leistungsbeeinträchtigung, es kann sich sogar positiv auf Leistung und Befinden auswirken, da es störende Geräusche (Gespräche von anderen Personen im Raum, Telefonklingeln) teilweise maskiert. Zeitlich strukturierte Schalle wie z. B. Sprache, Stakkato-Musik oder das Klappern einer Schreibmaschinentastatur bewirken dagegen schon bei geringen Pegeln einen Leistungsabfall. Die hier abgebildeten Daten wurden im Rahmen eines an der Katholischen Universität Eichstätt laufenden Forschungsprojekts zum „Irrelevant Sound Effect" von Sabine Schlittmeier erhoben (Schlittmeier/Hellbrück/Klatte 2002).

Hat Lärmbelastung im häuslichen Alltag eine Auswirkung auf schulische Leistungen und Verhalten in der Schule im Allgemeinen? Musik stört bei Rechenaufgaben, da beides die linke Gehirnhälfte beansprucht (Schick et al.

1999: 78). Leiden die Kinder bereits unter Lärm in der Wohnumgebung, wirkt sich das auch auf schulische Leistungen aus (Schick et al. 1999: 81).

Die Verkehrslärmbelastung – Straßenlärm erzeugt teilweise bis zu 60 dB (A) mittlerer Schallpegel und führt zu entsprechenden Störungen – von Kindern in der schulischen Umwelt (z. B. Straßenverkehr, Fluglärm) geht zumindest in den alten Bundesländern zurück, da Schulen zunehmend mehr aus Sicherheitsgründen straßenabgewandt liegen.

10.5.1 Benachteiligte Schülergruppen und Lärm

Drei durch Lärm benachteiligte Schülergruppen sowie Störungen von Hilfeverhalten in der Schule konnten in den Forschungen zur Lärmakustik (vgl. Klatte, Meis & Schick 2002) identifiziert werden:

1) Lese- und rechtschreibschwache Kinder
2) Kinder aus Migrantengruppen
3) Kinder mit Hörschäden

Kinder haben große Schwierigkeiten, sprachliche oder nicht sprachliche Signale zu erkennen, wenn Störgeräusche vorhanden sind. Es stellte sich heraus, dass bei optimalen Hörbedingungen keine großen Unterschiede zwischen den Altersgruppen bestehen. Werden Störgeräusche eingespielt, zeigen insbesondere jüngere Kinder gravierende Leistungsabfälle (Elliott 1979; Klatte/Meis/Nocke/Schick 2004: 39).

In Schulen geht es nicht nur um Leistungen bei einzelnen Störgeräuschen, sondern um sehr viel höhere Anforderungen an die „Hörkompetenz":

Zu 1) Insbesondere lese-rechtschreibschwache Kinder haben Störungen des sprachlichen Kurzzeitgedächtnisses (vgl. de Jong 1998). In der frühen Phase des Leseerwerbs spielen die Fähigkeit, Wörter in Einzellaute zu zerlegen (phonemisches Dekodieren) sowie der Erwerb von Graphem-Phonem-Korrespondenzregeln eine maßgebliche Rolle. Defizite in dieser Stufe des Schriftspracherwerbs führen meist zu dauerhaften Lese-Rechtschreibproblemen (vgl. Wimmer et al. 1991 lt. Klatte/Meis/Schick 2002). Klatte et al. vermuten, dass die Rolle des sprachlichen Kurzzeitgedächtnisses beim Erwerb und Gebrauch sprachlicher Fähigkeiten sehr wichtig ist und diese Fähigkeiten durch eine zu laute Lernumgebung beeinträchtig werden.

Zu 2) Unter selbstverursachtem Lärm leiden Schüler und Lehrer insbesondere in der Schule. Aufmerksamkeitsstörungen drücken sich bei Grundschulkindern teilweise durch zielloses Herumrennen in der Klasse und unmotiviertes Schreien aus. Plötzlich eintretende, laute, ungewöhnliche, unbekannte Geräusche lenken automatisch vom Zuhören ab und unterbrechen Denkprozesse.

Kinder sind davon in besonderem Maße betroffen (Klatte/Meis/Nocke/Schick 2004: 39).

Insbesondere die bis zu 50% ausländischen Schulkinder, die der deutschen Sprache nur teilweise mächtig sind, werden benachteiligt, wenn die Sprache von Lärm überdeckt wird (ebd. 2004).

Zu 3) Durch Hörschäden benachteiligte Kinder: In Deutschland haben 5 bis 10 Prozent der Kinder in jeder Schulklasse zeitweilige oder chronische Hörschäden (Schick et al. 1999: 78). Durch Erkältungen sind ca. 95% der Kinder und Lehrer in ihrer Hörfähigkeit um 10 bis 15 dB eingeschränkt (ebd. 1999: 82).

Übliche Umgangssprache ist bei einem Störgeräuschpegel von 45 dB (A) völlig verständlich und wird noch bis zu einem Pegel von 55 dB (A) mäßig gut verstanden. Sprache mit erhobenem Tonfall kann bis zu einem Störgeräuschpegel von 65 dB (A) gut verstanden werden. Doch ist das Sprechen mit erhobenem Tonfall auf Dauer sehr anstrengend (ebd. 1999: 82). Schick et al. empfehlen für Räume, in denen es auf Sprachverständlichkeit ankommt, einen Grundgeräuschpegel von maximal 35 dB (A).

Den hörgeschädigten Kindern fehlen also bei üblichen Geräuschverhältnissen zehn bis 15 dB ihres Hörvermögens, um die wichtigen Informationen aus den Hintergrundgeräuschen herauszufiltern.

Lärm mindert (nach Glass/Singer 1972 lt. Schick et al. 1999) auch die Kontakt- und Hilfsbereitschaft. Lärmbelastete Kinder sind schwerer für Aufgaben zu motivieren, sie geben schneller auf, wenn die Aufgaben schwieriger werden. Es tritt infolgedessen gelernte Hilflosigkeit auf (Evans 1998; Seligman 1999).

10.5.2 Lärmbedingte Gesundheitsstörungen bei Lehrkräften

Lärm wirkt sich auch in gesundheitlichen Störungen der Lehrer aus: Die Anzahl der stimmgestörten Lehrer wird in den USA auf 3,1 Millionen geschätzt. Bei Lehrern, die vorwiegend in raumakustisch ungünstigen Klassenräumen unterrichteten, trat ein höherer Krankenstand auf als bei ihren Kollegen, die in besseren Räumen tätig waren (MacKenzie/Airey 1999). Der Unterrichtsfluss wird durch häufiges Wiederholen von Informationen und Ermahnungen der Kinder zur Ruhe unterbrochen. Unlust, Ärger, Erschöpfung sowie Hals- und Stimmlippenprobleme sind die Folge. Die Mitteilungen der Lehrkraft werden unter Lärm kürzer und einfacher formuliert, es wird langsamer gesprochen, der Tonfall wird monotoner und insgesamt wird weniger mitgeteilt. Für einen interessanten und motivierenden Unterricht ist dies kaum förderlich.

10.6   Bauliche Maßnahmen

Klassenräume sollten so gestaltet werden, dass potentielle negative Begleitef-
fekte einer so positiven unterrichtspädagogischen Entwicklung verhindert oder
zumindest minimiert werden.

Dies kann in Einzelfällen schon durch einfache Maßnahmen wie Erneuerung der Filzunterlagen unter Stühlen und Tischen, Überprüfung des Mobili-
ars auf z. B. quietschende Schubladen und klappernde Schreibtischunterlagen,
Anbringen von schweren Vorhängen, großflächigen Korkpinnwänden, Wand-
teppichen etc. erreicht werden. In vielen Fällen ist aber eine raumakustische
Sanierung durch die Installation von schallabsorbierenden Wand- und/oder
Deckenverkleidungen erforderlich.

Solche Verkleidungen bewirken eine Reduzierung der Nachhallzeit. Eine
bessere Sprachverständlichkeit und eine Verringerung der Grundgeräuschpegel sind die sofort spürbaren Effekte. Je nach Material und Ausführung liegen
die Kosten zwischen 25 und 100 Euro pro m². Raumakustiker können dabei
genau vorhersagen, wie sich die akustischen Eigenschaften eines Raums in
Abhängigkeit von Typ, Fläche und Verteilung der Absorber verändern – hier
bleibt also nichts dem Zufall überlassen.

10.7   Die „aktive Stille" und ihre Auswirkungen auf den Unterricht

In Schulen entdecken Lehrkräfte wieder den Wert der aktiven Stille, die in
der steinerschen und in Montessoris Erziehungsauffassung eine zentrale Rolle
spielt (Buddemeier 1990; Spranger 1957 lt. Schick et al. 1999: 83). Aufgaben
für den Unterricht sind dann z. B. eine Schule des Hörens in einem „Hörspa-
ziergang", Entspannungs-, Konzentrations-, Stille-Übungen, ein Hörspiel wie
„Schatz der Stille". Schüler sollen nach den Materialien der BZgA sensibilisiert werden für die Fragen: „Ist es zu laut?", „Ist es eventuell zu lange laut?",
„Belästige ich meine Mitmenschen?" – Vielleicht sollte das noch ergänzt werden durch die Frage: „Wie setze ich – ohne Konflikte zu erzeugen – einen
Wunsch nach Ruhe durch?"

Stille ist ein Geräusch und gezielter, mäßiger Lärm, z. B. angenehme Musik, kann helfen. Die Verwendung von weißem Rauschen unter anderem in
Gestalt des Meeresrauschens, ein höhenbetontes Rauschen (Shimozono 1995)
hilft dabei sogar Kindern mit Lernstörungen. Lärm bzw. angenehme Geräusche können laut Schick, Klatte und Meis (1999) nicht unbedingt nur die Leistung mindern, sondern sie im Gegenteil auch in gewissem Maße anregen. Auf

jeden Fall gibt es zahlreiche Maßnahmen zur Reduzierung eines störenden Hintergrundpegels, die die Sprachverständlichkeit fördern und Gesundheitsbeeinträchtigungen durch Lärm und die Notwendigkeit, die Stimme anzuheben, abmildern.

Zu hohe Lautstärkepegel, wie sie im Sportunterricht erzeugt werden, von 95 dB und darüber führen zu Schädigungen des Innenohrs bis hin zum Tinnitus. Dauerhafte Hintergrundgeräusche über 55 dB sind für Arbeiten mit geistigen Tätigkeiten nach der Arbeitsstättenverordnung nicht zulässig. Lehrer müssen ihre Stimme um 10 bis15 dB anheben, um verständlich zu sein.

Durch Erkältungen sind ca. 95% der Kinder und Lehrer vorübergehend in ihrer Hörfähigkeit um 10 bis 15 dB eingeschränkt (Schick et al. 1999: 82). Kinder mit Erkältungen können also kaum dem Unterricht unter normalen akustischen Bedingungen folgen. Hier muss der Lehrer die entsprechenden Kinder nach vorne setzen oder noch weiter seine Stimme anheben.

Durch eine Verringerung der Nachhallzeiten durch bauakustische Maßnahmen auch einfacher Art auf 0,3 bis 0,7 Sekunden können die Bedingungen im Klassenraum erheblich verbessert werden, sodass die Konzentration auf das Unterrichtsgeschehen wieder möglich ist.

Stille als Geräusch sollte wieder im Unterricht entdeckt und entsprechend in den Unterricht eingebaut werden. So sollten Stillezeiten mit angenehm erlebbaren Lärm gewechselt werden – Lärm durch Spiel und Gruppenarbeit. Dabei ist zu berücksichtigen, dass auch angenehm erlebter Lärm als Hintergrundgeräusch die Konzentration stört und bei höheren Pegeln das Innenohr schädigt, wie sich am Beispiel von Diskolärm feststellen lässt.

Literatur

Brüser, E. (2010): „Das dröhnende Klassenzimmer". SZ vom 19.05.10, http://www. sueddeutsche.de/wissen/getuschel-stoert-beim-denken-das-droehnende-klassenzimmer-1.913697 [Zugriff am: 31.01.15].

Buddemeier, H. (1990): Bewusstseinslähmende Musik mit negativen Inhalten. Rock, Beat, Pop und verwandte Musik. In: H. Buddemeier/J. Strube (Hrsg.): Die unhörbare Suggestion. Forschungsergebnisse zu Beeinflussung des Menschen durch Rockmusik und subliminale Kassetten (S. 13–37) (2. Aufl.). Stuttgart: Urachhaus.

BZgA/Köln. Bundeszentrale für gesundheitliche Aufklärung (Hrsg.) (2001): Lärm und Gesundheit. Materialien für die Grundschule (1.–4. Klasse). Köln/Bernkastel-Kues: Johnen.

BZgA/Köln. Landsberg-Becher, J.-W./Bock, R./Dix, I./Greif-Groß, H./Kaiser, R./ Strasbaugh, G. (1997): Lärm und Gesundheit. Materialien für 5. bis 10. Klassen. Reihe: Gesundheitserziehung und Schule. Köln: Klett Verlag.

Elliott, L. L. (1979): Performance of children aged 9 to 17 years on a test of speech intelligibility in noise using sentence material with controlled word predictability. Journal of the Acoustical Society of America, 66, pp. 651–653.

Evans, G. W. (1998): The motivational consequences of exposure to noise. In: N. Carter/S. Job (Eds.): Noise Effects '98. 7th Intern. Congress on Noise as a Public Health Problem. Sydney, 1, pp. 311–320.

Fa. Sennheiser (1997): Nachhallzeit und Diskrimination: Auswirkungen. Wedemark.

Hagen, M. (2013): Den Hörraum Schule gestalten – Anforderungen an die Akustik von Lernräumen. In: J. Kahlert/K. Nitsche/K. Zierer (Hrsg.): Räume zum Lernen und Lehren. Perspektiven einer zeitgemäßen Schulraumgestaltung (S. 190–205). Bad Heilbrunn: Julius Klinkhardt.

Hellbrück, J./Ellermeier, W. (2004): Hören. Physiologie, Psychologie und Pathologie (2. Aufl.). Göttingen: Hogrefe.

Jong, P. de (1998): Working memory deficits of reading disabled children. Journal of Experimental Child Psychology, 70, pp. 75–96.

Kant, Immanuel: http://www.hear-the-world.com/de/hoeren-und-hoerverlust.html [Zugriff am: 18.04.2015].

Klatte, M./Kilcher, H./Hellbrück, J. (1995): Wirkungen der zeitlichen Struktur von Hintergrundschall auf das Arbeitsgedächtnis. Zeitschrift für Experimentelle Psychologie, 42, S. 517–544.

Klatte, M./Meis, M./Schick, A. (2002): Lärm in Schulen – Auswirkungen auf kognitive Leistungen von Kindern. In: L. Huber/J. Kahlert/M. Klatte (Hrsg.): Die akustisch gestaltete Schule. Auf der Suche nach dem guten Ton (S. 19–42). Göttingen: Vandenhoeck & Ruprecht.

Klatte, M./Meis, M./Nocke, C./Schick, A. (2003): Könnt Ihr denn nicht zuhören?! Akustische Bedingungen in Schulen und ihre Auswirkungen auf Lernende und Lehrende. In: A. Schick/M. Klatte/M. Meis/C. Nocke (Hrsg.): Symposium 9: Beiträge zur Psychologischen Akustik. Ergebnisse des Neunten Oldenburger Symposiums zur Psychologischen Akustik. Hören in Schulen. Bibliotheks- und Informationssystem der Universität Oldenburg, o. S.

Klatte, M./Meis, M./Nocke, C./Schick, A. (2004): Lernumwelt = Lärmumwelt?! Zeitschrift Grundschule, 36, 2, Westermann, S. 38–40.

MacKenzie, D. J./Airey, S. (1999): Classroom acoustics. A research project. Summary Report, University of Edinburgh: Heriot-Watt.

Mayr, A. (2002): Die komponierte Schule. In: L. Huber/J. Kahlert/M. Klatte (Hrsg.): Die akustisch gestaltete Schule. Auf der Suche nach dem guten Ton (S. 194–203). Göttingen: Vandenhoeck & Ruprecht.

Neumann, A. C./Hochberg, I. (1983): Children's perception of speech in reverberation. Journal of the Acoustical Society of America, 6, pp. 2145–2149.

Pfeifer, F. G. (1995): Lärmstörungen. Gutachten und Lärm-Lexikon (7. Aufl.). Düsseldorf: Verlag Deutsche Wohnungswirtschaft GmbH.

Schick, A. (1997): Das Konzept der Belästigung in der Lärmforschung. Berlin: Pabst Science Publishers.

Schick, A./Klatte, M./Meis, M. (1999): Die Lärmbelastung von Lehrern und Schülern – ein Forschungsstandbericht. Zeitschrift für Lärmbekämpfung, 46, 3, pp. 77–87.

Schlittmeier, S./Hellbrück, J./Klatte, M. (2002): Verbal short-term memory is often but not always reduced by background speech and music. Experiments exploring the

irrelevant sound effect (ISE). In: U. Jekosch (Hrsg.): Fortschritte der Akustik –
DAGA '02 (S. 478–479). Oldenburg: DEGA.

Seligman, M. E. P. (1999): Erlernte Hilflosigkeit. Weinheim: Beltz-PVU.

Shimozono, C. A. (1995): A Retrospect of the History of White Sounds and Applica-
tions in the Dental, Medical and Educational Communities. EDRS.

Spranger, E. (1957): Wider den Lärm. In: R. Guardini/E. Spranger (Hrsg.): Vom stille-
ren Leben (S. 7–22). Würzburg: Werkbundverlag.

Spurzem, J. (2003): Lärm. Referat im Rahmen des Seminars Umweltpsychologie/
R. Walden. Universität in Koblenz.

Wimmer, H./Zwicker, T./Gugg, D. (1991): Schwierigkeiten beim Lesen und Schreiben
in den ersten Schuljahren: Befunde zur Persistenz und Verursachung. Zeitschrift
für Entwicklungspsychologie und Pädagogische Psychologie, XXIII (4),
S. 280–298.

AutorInnen

Carolina Ferreira
Post doc., Centre for Social Studies of the University of Coimbra

Bettina-Maria Gördel
Wissenschaftlich-pädagogische Referentin, BKJ-Bundesvereinigung Kulturelle Kinder- und Jugendbildung e. V.

Torfi Hjartarson
Lecturer/Assistant Professor in Pedagogy and ICT at the School of Education, University of Iceland

Peter Hübner
Freier Architekt, plus+bauplanung GmbH

Goncalo Canto Moniz
PhD., Researcher of the Cities, Cultures, and Architecture (CCArq) Research Group, Member of the Executive Board of the Centre for Social Studies of the University of Coimbra

Christian Rittelmeyer
Bis 2003 Professor für Erziehungswissenschaft am Pädagogischen Seminar der Universität Göttingen

Henry Sanoff
Distinguished Emeritus Professor of Architecture, School of Architecture, College of Design, North Carolina State University

Anna Kristín Sigurðardóttir
Associate Professor in Educational Leadership and School Development at the School of Education, University of Iceland

Ulrike Stadler-Altmann
Prof. Dr., Ordinaria für Allgemeine Didaktik/Schulpädagogik an der Freien Universität Bozen

Lucy Tiplady
Research Associate, Research Centre for Learning and Teaching, at the School of Education, Communication and Language Sciences, Newcastle University

Rotraut Walden
PD Dr., Wissenschaftliche Mitarbeiterin am Institut für Psychologie an der Universität Koblenz-Landau

Pamela Woolner
Lecturer in Education, Research Centre for Learning and Teaching, at the School of Education, Communication and Language Sciences, Newcastle University

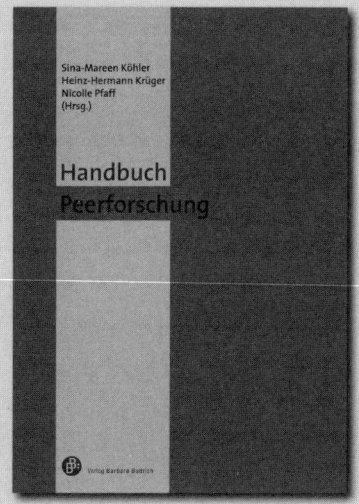